AF299632

RÉPONSE

D'ERNEST DUQUESNOY,

DÉPUTÉ A LA CONVENTION NATIONALE,

Aux dénonciations faites contre lui, par son collègue GUFFROY *et le citoyen* DELELISSE, *Cultivateur du district de Béthune.*

RÉPONSE

D'ERNEST DUQUESNOY,

DÉPUTÉ A LA CONVENTION NATIONALE,

Aux dénonciations faites contre lui, par son collègue GUFFROY *et le citoyen* DELELISSE, *cultivateur du district de Béthune.*

A Aire, à St. Omer, tu triomphes, divine vérité, par les soins de Duquesnoy. Qu'elle est belle sa conduite ! etc. (*Rougiff*, nᵒ 80.)

JE ne suis pas le seul député qui soit aujourd'hui inculpé , calomnié et honni , par ceux qui partageoient autrefois mes opinions, et qui même me surpassoient en fait de mesures révolutionnaires. Maratistes il y a un an, ils sembloient alors ne reconnoître de véritables patriotes, que la montagne et les sociétés populaires. A les entendre, le patriotisme appartenoit exclusivement à ceux qu'ils veuillent proscrire aujourd'hui. Ils poursuivoient sans miséricorde, les prêtres, les nobles, les suspects et les modérés. Le décret du 17 septembre, contre lequel ils déclament maintenant avec tant de force, étoit, à leur avis, la loi par excellence, et les bastilles n'étoient pas assez grandes pour son exécution : tout ce qui ne pensoit pas comme eux (suivant leurs dé-

A

goûtantes expressions), étoit devenu *un gibier de guillotine* ; leur faire la chasse, n'étoit qu'un jeu pour eux, et le jour où le sang couloit sur les échafauds, étoit un jour de fête.

Mais, vous tous qui proclamez maintenant la justice avec tant de courage, quand les dangers sont passés, si vous étiez convaincus que la loi du 17 septembre, et toutes celles que vous avez aidé à faire rendre, étoient injustes et pernicieuses, même dans les circonstances fâcheuses, où nous nous trouvions alors, pourquoi, dans vos journaux et dans vos lettres, ne les vantiez-vous comme justes et nécessaires ? Pourquoi, par des déclamations continuelles, ne cessiez-vous pas d'en recommander l'urgence, d'en presser l'exécution, à tous les députés en mission, que vous auriez dénoncés à la tribune, s'ils s'y fussent refusés ? Quelle lâcheté est la vôtre, de les dénoncer aujourd'hui, pour des choses, que, de votre aveu alors, ils ne pouvoient se dispenser de faire !

Il s'agit ici de faire connoître le degré de confiance que méritent ces dénonciateurs, dont les opinions ont changé suivant les circonstances, et qui ne se sont distingués que par l'instabilité de leurs principes ; il sagit de dévoiler Guffroy.

Il est aisé de faire un gros livre, quand on entasse, sans ordre, sans suite et sans goût, tous les oui dire ; quand on recherche avec soin tous les bruits, toutes les calomnies débitées par la passion et par la vengeance ; quand on ne cesse de les répéter, et de les ressasser de mille manières ; quand on y ajoute sans

pudeur ses propres visions ; en un mot, quand
on fait d'un libelle une affaire de spéculation.

Ce n'est pas d'aujourd'hui que Guffroy a
manifesté son double esprit de spéculation et
de calomnie. Notre collègue Louvet l'a parfaitement dévoilé dans un écrit qui porte la
date du 3 mars 1793, (vieux style), intitulé :
La vérité sur la faction d'Orléans.

« Un autre patriotisme, dit-il, m'a honoré
» de quelques calomnies, mais si absurdes,
» si plattes, si bêtes, qu'on reconnoît d'abord
» un procureur ». Louvet se trompe : Guffroy
étoit avocat et l'élève d'un certain autre avocat,
Brunet d'Arras, fameux par les exactions
qu'il commit à son profit et à celui des tyrans
féodeaux du ci-devant Artois.

« Pauvre sieur Guffroi ! il faut l'excuser ;
» sans doute il ne sait pas que j'ai en main quel-
» ques lettres assez curieuses, qu'il avoit écrites
» à *certaine dame, pour qu'elle en donnât*
» *communication à certain ministre;* lesquelles
» lettres prouvent que *ledit sieur,* tout frais
» arrivé de son département à la Convention,
» jugeant mal de quel côté souffloit le vent
» de la fortune, se sentoit quelque penchant
» pour le *rolandisme,* et brûloit d'employer
» *son style, ses lumièrs, ses talens,* à l'instruc-
» tion publique; mais n'entendoit pas du tout
» les employer pour rien. Rien n'étant venu,
» *ledit sieur* s'est hissé sur la montagne, appa-
» remment pour essayer s'il n'y gagneroit pas
» quelque chose; et peut-être il y a gagné, du
» moins le secrétaire qu'il desiroit; car il a écrit
» d'un style un peu moins plat que celui de ses

» lettres : il a écrit contre le ministre qui n'avoit
» rien voulu lui donner pour écrire. »

Guffroy, ne sachant donc, par lui-même,
écrire que des platitudes, composa son *Rougiff*,
ouvrage dégoûtant, où, comme le dit un de
nos collègues, il ne manque rien que le sens
commun. Il s'efforça néanmoins de persuader
aux députés qui étoient en mission près des armées, que ce journal pouvoit être lu avec celui
du *Père Duchesne*. D'après plusieurs lettres
qu'il m'écrivit à cet effet, j'eus la balourdise
de m'abonner pour six mois ; et à raison du
nombre d'exemplaires, je lui envoyai un mandat de 8,200 liv.

Deux mois envion après, Guffroy m'écrivit,
pour me demander un nouveau mandat, me
mandant que celui que je lui avois adressé,
s'étoit égaré dans les bureaux du ministre de
la guerre. Etant revenu quelque temps après à
Paris, je me transportai, avec mon collègue
Guffroy, au comité des inspecteurs de la salle
de la Convention, qui visent tous les mandats
des députés. Mais quelle fut mon indignation,
en voyant, par le registre du comité, que
Guffroy avoit reçu le premier mandat ! Il
voulut s'excuser, en disant qu'il ne m'avoit
écrit que pour obtenir un second abonnement.
Je le confondis aussitôt, en donnant lecture
de sa lettre au comité, en présence de notre
collègue Bréard, membre du comité de salut
public qui se trouvoit là par hasard.

C'est cette querelle que Guffroy attribue à
une vivacité réciproque, dans une lettre qu'il
m'écrivit le 12 messidor dernier. Elle est trop

importante à mon sujet pour ne pas la rapporter ici.

« Hier, dit-il, notre collègue Rewbell m'a
demandé si j'étois toujours ton ami : je lui ai
répondu que oui ; et je le crois, malgré la querelle que nous eûmes par trop de vivacité réciproque......

« J'aurois dû, avant tout, te prier d'embrasser
pour moi le brave Jourdan. Dis-lui, tu le sais
bien, que je n'ai jamais partagé l'injuste opinion qu'on avoit voulu donner de lui. Je
t'adresse un mémoire que j'ai cru nécessaire
pour sauver la commune d'Arras de l'oppres-
sion dans laquelle elle se trouve, par la conduite affreuse de Joseph Lebon. Je ne connois
rien de plus noir, que l'ame de ce prêtre ; il
n'y a rien de sacré pour lui. Il emploie Galand,
ex-procureur, que tu connois comme nous pour
aristocrate forcené. Tu a dû l'entendre dire
par les patriotes, c'est lui qui a marché sur son
habit de garde national.

» *Carlier* est ce marchand de graines au coin
de la place, dans une cave, qui a insulté
notre collègue Laurent dans la société populaire ; et Carlier est l'homme de confiance de
Lebon.

« Si Laurent est avec toi, prie-le d'envoyer
au comité de sûreté générale, la note de la
scène qu'il a eue avec ce Carlier, à Arras. On
m'assure que Carlier a pris Laurent au collet.

» Conçois-tu l'idée de Barrère, de dire à la
Convention que *Lebon* a contribué à faire
remporter la belle victoire du 8, si glorieuse
pour Jourdan ?

» Je sais qu'il a fait guillotiner un espion, que nos concitoyens, que nos patrouilles avoient fait arrêter ; mais il n'y a là rien qui puisse influer sur la marche d'un armée.

» C'est, à mon avis, une dérision de dire que *Lebon* a fait changer le plan de campagne de nos ennemis.

» J'aurois voulu que tu eusses été hier au jardin national des Tuileries : j'ai bien tout vu ; j'y étois avec toute ma famille. J'ai éprouvé des jouissances délicieuses. La musique étoit bonne ; mais elle n'avoit pas encore l'accent qui convient à une grande fête, sur-tout à une victoire éclatante : mais ce qu'il y avoit de ravissant, c'est de voir les pères, les mères de famille, remplir toutes les allées, non pas seulement à l'entour de l'orchestre, mais dans toute la surface du jardin, des promenades couvertes : l'allégresse étoit au comble.

» Des jeunes gens se promenoient avec leurs maîtresses ; les vieillards étoient assis par groupppes.

» Plus loin, quand la foule a été un peu passée, on voyoit de côté et d'autre, des groupppes de jeunes gens sur les bancs, sur la terre, chantant diverses chansons guérrières et patriotiques.

» Le bourdonnement n'étoit pas celui du tumulte ; il étoit consolant, animé : c'est-là, c'est dans cette réunion qu'étoit vraiment la fête nationale : et je t'assure que le philosophe dévoit éprouver des jouissances précieuses.

» C'eût été un bon morceau à faire, que la description de cette situation politique et

fraternelle des ames. J'aurois eu bien du plaisir
à la traiter comme je l'ai sentie, si j'avois encore
fait mon journal.

» Nos raconteurs nous parleront froidement
de l'illumination et du grand concours; mais
si froidement, que le lecteur ne partage jamais
l'émotion qui peut accompagner ces instans.

Etoit signé GUFFROY.

Remarquez bien, lecteur, que Guffroy se récla-
moit encore mon ami au 12 messidor dernier;
et que loin de me croire alors le complice de
Lebon, il me croyoit propre à porter remède
à ses excès. En effet, j'en gémissois depuis
long-temps, et je m'en étois expliqué avec le
citoyen Lefebvre Cayer d'Arras, et les citoyens
Wanderval et Dauchy de Dunkerque, etc.

Cependant, la lettre de Guffroy., adressée à
l'armée que je venois de quitter, ne me fut
remise qu'après la chûte de Robespierre et
complices.

Je me rendis aussitôt à Arras; je convoquai
une assemblée générale de citoyens, et je les
sommai de m'indiquer les partisans de Robespierre et autres conspirateurs, s'ils s'en trouvoient parmi eux.

Ils ne me dénoncèrent que quatre personnes;
savoir, *Daillet*, président du tribunal révolutionnaire de Cambrai; *Cobriere*, accusateur
public; *Carlier* et *Joui*, membres du comité
révolutionnaire, que je fis saisir par mon arrêté
du 19 thermidor, en enjoignant au comité de
surveillance, d'informer contre eux. Notre collègue Florent Guyot, sur mon invitation, se

rendit, quelques jours après, à Arras; et nous prîmes ensemble les arrêtés que nous trouvâmes convenables aux circonstances.

N'étant revêtu d'aucune autorité sur la personne de Lebon, je laissai à Guffroy le soin de le poursuivre, ainsi qu'il s'y étoit solemnellement engagé, dans une brochure qu'il avoit publiée antérieurement à la lettre qu'il m'écrivit le 12 messidor.

Il m'accuse d'avoir fait brûler cette brochure par la société pulaire de Béthune, et cependant il n'ignore pas que je n'étois pas alors à Béthune.

Cette brochure, où les excès de Joseph Lebon se trouvoient dévoilés dans le plus grand détail, ne m'inculpoit point encore.

Mais cet ouvrage ayant eu un prompt débit, Guffroy étendit ses spéculations. Ayant bien examiné d'où le vent venoit, il forma le projet d'un plus gros livre; dans lequel il déclareroit la guerre à ses anciens amis, se reconcilieroit avec ses anciens ennemis, et mettroit tout en œuvre pour faire oublier qu'il eût jamais siégé sur la montagne, et eût été le plus ardent promoteur des mesures révolutionnaires.

Pour rendre cet ouvrage plus piquant et plus neuf, il me met tout d'un coup au nombre des conjurés du 9 thermidor, et promet d'en démasquer plusieurs autres. Pour assurer le débit de son livre, il tâcha, par de fréquentes lettres, où il se donnoit la plus grande importance, d'y intéresser les habitans du Nord et du Pas-de-Calais, en réclamant leur assistance. Tout ceci résulte d'une lettre qu'il n'osa imprimer lui-même, mais qu'il fit imprimer à Arras : elle est datée du 29 thermidor, et adressée à ses concitoyens d'Arras.

« Jamais, dit-il, conspiration contre la liberté publique ne fut mieux prouvée que celle des Robespierre, Couthon, Saint Just, Lebas, Lebon, Duquesnoy, et plusieurs autres encore qui seront bientôt démasqués.....

» Beaucoup de membres qu'on a rendu trop long-temps nuls en les avilissant, (Guffroy, dans son Rougiff, contribue plus que tout autre à cet avilissement, par les dénominations de côté droit, de crapaux de marais, d'hommes d'état, de brissotins, de modérés, d'indulgens, d'alarmistes) ont montré une énergie plus prononcée que certains prétendus montagnards, qui n'étoient et ne sont encore que les suppôts du tyran Robespierre......

» Abstenez-vous de me louer ; soutenez-moi pour continuer à faire mon devoir. Je n'irai donc pas à Arras, je l'ai déclaré au comité de salut public, mais je me joindrai à nos autres collègues, pour tâcher d'indiquer un d'entre nous qui soit l'ange de paix, qui ira chasser tous les maux qu'ont répandus sur vous les anges exterminateurs Lebon, Lebas, Saint-Just, Duquesnoy et Roberpierre.»

Surpris d'une conduite aussi lâche et aussi intéressée, je demandai à Guffroy une conférence, chez lui ou chez moi, pour nous expliquer. Il le refusa par écrit. Alors j'allai me plaindre au comité de salut public, qui me dit que, n'ayant pas de loi contre la calomnie, il n'y avoit d'autres moyens de la réprimer, que celui indiqué par un de nos collègues, dans la Convention. Je trouvai bientôt l'occasion de m'en servir. Je rencontrai Guffroy précisément à la porte du comité : je m'offris d'y rentrer avec lui pour nous expliquer : m'ayant répondu qu'il n'en avoit pas le temps, et se mettant en en devoir de retourner sur ses pas, je ne pus me contenir, je lui donnai un soufflet en présence du général Moulin et d'un aide-de-camp, que j'avois accompagnés au comité de salut public. Et voilà le sujet de ces longues complaintes dans lesquelles Guffroy comptoit fastidieusement les coups de bâton et les coups de pieds qu'il n'avoit pas reçus.

Cependant, les sociétés populaires du département du Nord et du Pas-de-Calais, ayant souscrit pour un très - grand nombre d'exemplaires de l'ouvrage proposé par Guffroy, l'auteur ne crut pas devoir ménager le papier ni les frais d'impression; et, s'abandonnant à toute la vivacité de son ressentiment, il assaisonna toutes les calomnies qu'il put recueillir et inventer contre moi, de personnalités dégoûtantes et d'injures grossières répétées à chaque page.

C'est ainsi qu'il parvint à composer une diatribe de plus de six cents pages, dont il tira dix mille exemplaires ; ce qui, à raison de dix livres chacun, doit lui rapporter cent mille livres, et coûter mille livres à tel souscripteur qui croyoit ne demander que cent exemplaires d'un pamphlet ordinaire.

Il faut donc convenir que le spéculateur Guffroy a obtenu son principal but. Mais que prouve, après tout, cette énorme conspiration ?

qu'on pourroit peut-être me reprocher des erreurs ; mais je l'ai dit dans mon dernier rapport imprimé, et je le répète ici :

» Je peux avoir commis des erreurs, mais je défie qui que ce soit de prouver qu'elles aient été volontaires. L'amour de la patrie a toujours dirigé mes actions, et les dirigera jusqu'à mon dernier soupir. »

S'il ne s'agissoit aujourd'ui que d'apprécier les mesures de sûreté qu'on a employées, d'en condamner l'excès ou l'abus, et de gémir sur le malheur des circonstances qui nous les fit adopter, je souscrirois à tous.

« Soyons de bonne-foi avec nous-mêmes, dit le citoyen Antonelle ; ne feignons pas d'avoir été plus irréprochables et plus purs que nous n'avons pu l'être ; et sur-tout, ne nous piquons pas d'infaillibilité. Nous avons tous erré : nous avons tous péché. La postérité nous appréciera dans le grand travail révolutionnaire. »

J'ai cru, je le confesse, qu'il falloit agir vigoureusement dans mes longues et pénibles missions ; j'ai cru que rien n'étoit plus légitime et plus nécessaire. J'ai cru, en un mot, que les lois alors existantes m'en faisoient un devoir. J'ai pu me tromper sans doute.

Ce qu'il y a de bien certain, c'est que si Guffroy ne se trompe pas actuellement, il se trompoit du moins, quand il approuvoit *toutes les formes acerbes* des comités de gouvernement, lorsqu'il vouloit leur vigueur, blâmoit quelquefois leur mollesse, et qu'il dévouoit à *la sainte guillotine*, non pas deux cent mille

Contraste insuffisant

NF Z 43-120-14

têtes, comme Marat, mais cinq millions de royalistes et de modérés.

Guffroy ne peut ignorer qu'il suffiroit pour le confondre, de citer son journal; c'est pourquoi il s'efforce, dans une *note essentielle*, de prévenir l'objection. « Je sais, dit-il, que Duquesnoy et quelques hommes trompés, me reprochent d'avoir été aussi un terroriste horrible, dans le journal que j'ai fait, intitulé *Rougyff* : mais je défie, tous ceux qui renouvelleront ce reproche, de me faire voir que j'y ai une seule fois propagé un système équivoque en morale, ou en justice..... Jamais je n'ai offensé ni la morale, ni la justice. »

Acceptons le défi et voyons quelle morale et quelle justice il nous prêche dans les passages suivans.

« Brave Convention nationale, tu fais bien d'effacer tous les préjugés : tu viens de tuer celui qui, sous la monarchie, a fait commettre tant de crimes, celui qui déshonoroit une fille qui avoit fait un enfant; *bravo*, c'est un nouveau triomphe, une nouvelle conquette que tu viens de faire; voilà celles qui t'honorent le plus. Courage, les Français. » (*Rougyff*, n°. 77, pag. 4.)

Et après avoir rapporté un décret rendu sur la pétition d'une fille, qui après être venu, à Paris, solliciter la liberté d'un citoyen qu'elle devoit épouser, y est accouchée d'un garçon, pour lequel, ainsi que pour elle-même, elle réclama des secours. Rougyff ajoute :

« Drelin, ce décret épanouit mon cœur, et me porte à jaser avec l'auteur de la nature.

» Plus de nobles dans les armées..... Oui, je le déclare, tant que vous y conserverez des nobles, vous y conserverez des perfides et des aristocrates : s'il en est parmi eux qui soient dévoués à la république, il faut sacrifier le petit nombre au bien général. (*Rougyff*, no. 3.)

» Nous devons être en mesure pour réparer les échecs de la Vendée, et dans huit jours, toute cette race de prêtraille, cette vile engence de courtisans, cette tr. upe de valets et d'esclaves soudoyés, ces infames suppôts de la tyrannie et de la superstition seront anéantis. Oui , foutre, mes amis, anéantis; il ne faut pas qu'il en reste plus que dans mon œil. Anéantis, vous dis-je, sans pitié. Montagne, tu as raison, on ne fait pas de prisonniers de cette race d'hommes; on les embarque tous dans la barque à Caron ; on les envoie tout bonnement de l'autre côté de l'eau du Styx ; on leur donne Lucifer pour geolier, et la Corday pour compagne, avec la femme du diable.

... » Bravo, bravo, Convention nationale; sois toujours ferme, ne te contente pas d'accuser, mais dis aux juges de faire tomber la guillotine par des sévères et prompts jugemens.

» A bas, à bas tous les nobles, tant pis pour les bons, s'il y en a ; s'ils sont bons, ils diront les premiers allons nous-en. » (*Rougyff*, n°. 3.)

Guffroy peut-il, d'après cela, ajouter dans sa note essentielle : quand je criois « d'*exterminer*, c'étoit des vrais ennemis de la république, dont je voulois parler; et j'ai toujours dit qu'il falloit frapper juste, lorsqu'on vouloit .. frapper fort. »

Il a en effet au milieu de ses fureurs, lâché une fois cette maxime ; mais il a malheureusement toujours fait entendre que tous les prêtres, les nobles, les aristocrates et les modérés, les indulgens, les gens suspects, etc., étoient les ennemis de la république, et qu'il étoit juste de les frapper.

« Suivons les bons avis de nos frères les envoyés de toutes les sections du peuple ; écoutons et exécutons par-tout. *Citoyens* représentans, il n'est plus temps de nous livrer à des discussions ; il faut agir ; il faut que l'aristocratie devienne entre nos mains l'instrument de sa propre destruction. Nous vous demandons de décréter solemnellement que tous les hommes suspects seront mis sur-le-champ en arrestation, pour de là être précipités aux frontières, suivis de la massue terrible des sans-culottes de toute la république. » (*Rougyff*, N°. 12 et 13.)

Dans son N°. 15, il tronque, il extrait ce qu'il y a de plus dur dans la proclamation d'Elie Lacoste Peyssart, datée de Cambrai, le premier août. « Magistrats du peuple, faites séquestrer de la société et retenir sous bonne et sure - garde tous les hommes sur lequels le soupçon d'incivisme a plané ; tous ceux en qui l'esprit du républicanisme n'a pas été bien prononcé ; enfin tous ces êtres qui n'ont paru que foibles et chancelans, mais qui, par des moyens connus, pensoient, dans les circonstances, ébranler la confiance des citoyens, et préparer des malheurs. »

Et ensuite il ajoute : « Frères, que nos fran-

cisques deviennent pour nos ennemis des guillotines portatives. »

Son N°. 18 est encore plus fort : « La politique de la liberté doit être en ce moment
la même que celle de la tyrannie.... Qu'une
grande activité soit donnée aux tribunaux ;
qu'on fasse enfin justice au peuple, pour que
le peuple ne soit pas réduit à la faire lui-
même. C'est peu de punir, il faut prévenir les
traîtres. Déjà les hommes suspects doivent,
par un décret, être mis en état d'arrestation :
que ce décret soit exécuté ; que dans les mo-
mens de danger de la patrie, ils soient tous
enfermés dans un même lieu, et qu'à la porte
de ce lieu, soient braqués des canons, dont
les mèches allumées leurs annoncent qu'ils
sont tenus en otage, et que la vengeance du
peuple peut être terrible, s'il est réduit par
la cruauté de ses ennemis, à en venir lui-
même à des extrémités cruelles. Voulons-nous
ramener le calme ? que la justice nationale soit
terrible et prompte. »

N°. 24. » Pour arriver au bonheur que je
présage, que d'écuries a déblayer ! Il y en a
une au moins dans chaque famille. A bas,
à bas, songeons que nos plus dangereux, nos
plus cruels ennemis, sont ceux de l'intérieur,
connus sous le nom à jamais détestable de
royalistes, fédéralistes, modérés, aristocrates
et anarchistes de toutes les couleurs. »

N°. 25. » Imitons le comité régénéré de St.
Germain-en-Laye. Les aristocrates, feuillans,
royalistes, modérés, brissotins, girondins,
sont tous foutus sur le pot, on les a envoyé sif-

fler la linotte aux récollets de Versailles. Le comité doit s'occuper de ces lâches ennemis qui déposent par-tout le limon de l'aristocratie ; de ces modérés qui, par des avis et des discours séduisans, où ils placent artistement les mots humanité, religion, république, captent encore l'opinion d'une infinité de sans-culottes, trop crédules pour un siècle de révolution.

» Convention nationale, je te renie, oui, je te renie, si tu n'arrêtes pas tous nos maux par ton énergie. »

N°. 37. « Il faut imiter le grand dénicheur André Dumont ; il faut qu'il ne reste nulle part, pas même la queue d'un aristocrate, car c'est presque la racine du diable ; dès qu'il y en a le moindre chicot, en moins de rien, il y en a plein le jardin : c'est aussi pis que la race des morpions, des poux, qui, dans une nuit, comptent leurs enfans par milliers. »

N°. 70. « Que les cinq cents millions de diables tortillent les tripes des scélérats aristocrates, que l'on appelle *modérés*, *feuillans* ; ils ne sont que les Judas de la bande des gibiers de guillotine. Plus de grace, plus de grace ; foutons la guillotine au pas de charge contre tous les intrigans. »

Enfin, couronnons toutes ces gentillesses par l'extrait suivant du N°. 69.

« Ceux des représentans qui ont blâmé la sensibilité de leurs camarades, témoins d'une exécution, le 2 pluviôse, n'auroient pas osé tous boire dans le crâne de Louis XVI. Alllons, qu'on prépare ce crâne, pour essayer les législateurs. »

Revenons

Revenons à Guffroy. Il avoue dans sa *note essentielle*, qu'il a pu se tromper sur quelques hommes et sur les évènemens, et qu'il s'est trompé en effet sur le compte des députés incarcérés, qu'il envoie, dans son Rougyff, à tous propos, à la guillotine.

Cet aveu est bien modeste. Guffroy, comme membre du comité de sûreté générale, ne devoit rien ignorer sur cette affaire; et s'il n'avoit point été accoutumé à se tourner du côté du vent, il se seroit bien gardé d'insulter au sort de ses malheureux collègues. Si Guffroy se croit pur sur cet article, je ne conçois pas, comment il ose me reprocher mes erreurs.

Il continue cependant, et dit : « Pour revenir à mon journal, je suis sûr que malgré sa tournure grotesque, jamais il n'a inspiré l'idée d'une injustice, ni une idée de massacre ; il falloit avoir une ame de sang comme Lebon, Carrier et Duquesnoy, pour concevoir le dessein de massacrer sans rime ni raison, sur les exhortations populaires de mes feuilles, toutes uniquement relatives aux ennemis prouvés de la patrie. »

Soit : mais est-ce à celui qui louoit Duquesnoy, dont il n'a jamais cessé d'approuver la conduite, et d'exhorter aux mesures fortes, qu'on croyoit alors propres à sauver la patrie? est-ce, dis-je, à un tel journaliste qu'il est permis de me jeter la première pierre, et d'ériger en crime les mesures de sûreté générale qu'il me suggeroit? peut-on porter plus loin l'impudence et la perfidie?

Mais voici quelque chose de bien plaisant :

B

« J'invite, ajoute-il enfin, ceux qui ont encore mes feuilles, à jeter un coup-d'œil sur *les idées douces et consolantes* que j'y ai disséminées, où *la plus pure morale*, où *la sensibilité la plus naïve* adoucit, efface les expressions grossières, mais jamais salles, dont j'ai fait usage. On y verra plusieurs traits, sinon de prophétie, du moins de prévoyance. Je prédis la chûte d'Hébert et de Robespierre dans le no. 65 du 17 nivôse... Dans le no. 77, je loue Duquesnoy.... Mon no. 78 est remarquable par la prédiction que je fais du supplice de plusieurs membres du comité de salut public. »

La plus pure morale, la sensibilité la plus naïve des journaux de Guffroy ? Si ce n'est pas une ironie, c'est une nouvelle impudence, hasardée sur ce qu'il imagine que personne n'aura conservé un journal aussi méprisable. Ce n'est en effet qu'après bien des soins et des recherches, que mes amis, indignés de la versatilité de ses principes et de ses opinions, ont pu m'envoyer une partie de ses feuilles ; mais j'en ai infiniment trop pour le confondre. Je ne serai jamais embarrassé que pour le choix de mes citations.

Si Rougyff est un prophète, il ne peut être que de la classe de ces prophètes de Jérusalem et de Samarie, qui, étant possédés par l'esprit de mensonge et d'intérêt, n'annonçoient rien que de flateur et d'agréable aux princes corrompus qui régnoient alors. En effet, quelque efforts que Guffroy fasse pour tordre quelques passages insignifians ou amphigouriques de son journal, et les appliquer à la chûte de Robespierre et des membres du comité de salut public, je vais démontrer par des textes clairs et précis, qu'il n'a jamais cessé de flagorner, et les comités de gouvernement et la Convention sur toutes les mesures de sévérité qu'on croyoit nécessaires alors. Il ne s'en est pas même tenu là ; il provoquoit ces mesures, il les exaspéroit encore. Lisons.

N°. 5. « J'aime à voir prendre des mesures efficaces. Peuple français, lis, et juge tes représentans ; la justice et l'humanité les conduit. Compare et juge ceux que tu as fait mettre en arrestation ; écoute *notre bon Collot d'Herbois*, le sauveur des Suisses de Château-Vieux ; il parle au nom de l'intrépide commission...... À bas, à bas enfin tous les coquins ; le temps de frapper des grands coups est arrivé. » Prophétie.

N°. 6. « Hola, hé ! Sanson, prépare vîte encore soixante guillotines ; (pour les députés, mis depuis en liberté) » j'apperçois d'ici s'avancer soixante traîtres à la patrie ! O génie de mon pays ! ô providence, tu veux consolider la liberté. Tu as permis qu'un traître conservât dans ses papiers, les preuves de la conjuration affreuse contre la liberté ; mais elle sera durable : car, elle sera cimentée par le sang qu'aura fait couler le glaive de la loi. »

Quelle prophétie ! Quelle prévoyance ! Remarquez que Guffroy étoit alors membre du comité de sûreté générale, chargé d'instruire la Convention sur l'affaire des députés détenus. Il promet dans sa *note essentielle*, de nous

donner quelques jours cette abominable histoire ; c'est encore un objet de spéculation
pour lui : mais il n'en a pas le loisir aujour-
d'hui ; il préfère de gagner cinquante à soixante
mille livres en m'attaquant.

N₀. 7. « Citoyens, soldats de la patrie,
Français enfin, garde à vous! garde à vous!
plus nous approchons du jour anniversaire,
où triompha la liberté française par la chûte
du trône, plus les amis des *rois*, *plus les
hommes d'état*, plus les prétendus amis des
lois, plus les factieux hypocrites, plus les
buzotins-petionistes, les lesago-barbarouxistes,
les louvetino - rolandistes, les lanjuinais - fer-
mondistes, les guadeto-gorsalistes, les brisso-
tino-vergniautistes, les sallo-fauchetistes, les
genssoneo-chambonistes; plus tous les vertueux
crapaux du marais; plus tous les serpens vont
se remuer, intriguer, troubler, égorger, s'ils
le peuvent.

» Tous les complices de la Corday n'ont
foutre pas été rasés ; non, foutre, les complices de cette guenon n'ont pas tous été
rasés comme elle : ils le seront par vrai Charlot.

» Les amis de Custines, que les amis des
députés détenus au Luxembourg, plaignoient
hier, premier août, en écrivant à Vergniaux;
ces amis de Custines, c'est à-dire, les amis
de la tyrannie, n'ont pas encore été rasés.

» Allons vite, allons, que la guillotine soit
en permanence dans toute la république. Tribunaux, à l'ouvrage.

» Cette assemblée va donc être digne de
sa sublime mission. Elle a rendu quelques bons

décrets depuis quelques jours : je lui donne aujourd'hui mon tribut de louange. Qu'elle continue ; que sa fermeté ne se réduise donc plus à des simples élans. »

Avis républicains. » Comité de salut public de la Convention, tu as beaucoup fait jusqu'ici pour la chose publique : je t'en loue au nom de la nation ; mais tu as trop tardé à proposer des mesures vigoureuses, et contre les rebelles de la Vendée, et contre les fils de famille de Marseille, complices de Barbaroux et contre les députés qui ont faussé leurs sermens, et trahi la chose publique.

» Ce sont les Français ingrats, injustes ; ce sont les Français traîtres ; ce sont les Français fanatiques ; ce sont les Français royalistes à la Corday ; ce sont les Français buzotins, brissotins, rollandins qui sont les vrais ennemis : fais qu'ils se taisent, où qu'ils périssent, y en eût il plusieurs millions. Le bonheur de la majorité doit l'emporter. La république française auroit encore assez de vingt millions d'habitans : *recedant vetera.*

No. 8. « Aristocrate, si tu bouges, je veux que les cinq cent mille yeux du diable me servent de boutons de guêtres, si je ne te poche pas au beurre noir dans la poële de Lucifer. »

Dans tout cela, quelle pure morale ! quelle sensibilité naïve, et sur-tout quelle urbanité ! quelle aménité !

No. 19. « Lyon bombardé depuis quelques jours, se rendra, quand tous les royalistes y seront exterminés. Point de pitié, point de grâces.... Oui, monstres, vous avez arboré lẽ signal de votre mort. Puissiez - vous en subir mille! Un long supplice seroit insuffisant pour expier tous les crimes commis dans la résistance coupable et hypocrite, qu'on va réprimer. »

O bon Colot - d'Herbois ! est-il vrai que tu aies suivi ce conseil ?

N°. 26. « Le temps de la foiblesse est passé. Comité de salut public, tribunal, faites votre devoir. Que tous les conspirateurs périssent à la fois; et que la même quinzaine qui verra terminer les jours des scélérats (députés) incarcérés, voye exterminer les rebelles de la Vendée ! »

N°. 28. « Honneur à la Convention nationale , pour avoir déconcerté le coup monté par l'hydre du royalisme, le jour où le comité de salut public, attaqué de toutes parts, fut obligé de se défendre ; haro, haro, extermination pour ceux qui attaquent personnellement les défenseurs de la patrie, les arcs boutans de la révolution, alors qu'ils sont le plus occupés de grandes mesures de salut public. Haro foutre : drelin sur tous ces mâtins de conjurés, pour faire user en débats individuels, l'attention, les forces et les talens des fondateurs de la république. Eh ! qui les attaque aujourd'hui dans toute la France ? Des girondins sans pudeur, des cas-cous politiques sans talens, des bougres de fripons avérés, qui cachent leurs brigandages et leur scélératesse sous une croûte patriotique ; drelin sur ces sacrés scélérats, au foutart , guillotinez , exterminez sans miséricorde. Si la mort d'un homme fait gémir l'humanité , la mort d'un scélérat doit réjouir l'homme sociable.

» Mais que le comité de salut public ne fasse pas comme les charlatans patriotiques ; qu'il se garde bien de nous endormir ; quand il ira bien, nous chanterons victoire; quand il mollira, crack, crack, un grand coup de fouet sur les reins. »

On reconnoît vraiment ici le ton et la sainte indignation des prophètes, et le tout respire une sensibilité naïve.

No. 32. « De l'audace, de l'audace, puis encore de l'audace ; le comité de salut public, la Convention, ne l'ont pas cette audace, qui commande aux hommes et aux évènemens.... Ce n'est pas assez d'avoir décrété que le gouvernement seroit révolutionnaire jusqu'à la paix ; il faut mettre en mouvement l'activité française, et ne la laisser jamais reposer..... Il y a tant de décrets de papiers, allons qu'on exécute.... Des faits, des faits, plus de paroles, foutres.

Il traite la même matière dans le N°. 56. « C'est l'ensemble, dit-il, et non le détail qu'il faut considérer. Voulez - vous, dit Billaud-Varennes, rendre au corps politique une santé robuste ? c'est au dépend de ses membres gangrenés. »

No. 58. « Haro, haro, que le comité de salut public donne cent mille livres pour chacune des têtes des Pétions, des Buzots, de ces féroces modérés, amis des honnêtes gens incarcérés ; le comité de salut public et celui du comité de sûreté générale, sont inflexibles comme le peuple le veut : ils sont justes comme lui. »

Pour le coup, le prophète est en défaut. Il

n'a pas su flairer le vent, ni deviner que les députés mis hors la loi, seroient rappelés. Il ne s'excuse pas même de ce trait de *sensibilité naïve*, dans sa *note essentielle*, parce qu'elle étoit malheureusement écrite avant le décret de rappel.

C'est pour le même défaut de provision, que dans ce même N°. il canonnise les journées des 2 et 3 septembre, et du 31 mai.

» A la fête de la raison, à Bourdeaux, cinq bannières portoient ces inscriptions : *Journée du 14 juillet, des 5 et 6 octobre, du 10 août, du 2 septembre et du 31 mai.* »

Il est visible que loin de prédire la chûte de Robespierre, dans le N°. 77, il continue toujours de le citer avec honneur : l'application qu'il fait de ces paroles, ne tombe manifestement que sur *l'arrêté liberticide* des représentans du peuple, à Marseille, qui avoient changé ridiculement le nom de cette ville, par ignorance, par entêtement, ou par orgueil.

Je regrette de n'avoir pas, sous la main le N°. 78, remarquable, dit-il, par la prédiction du supplice de plusieurs membres du comité de salut public ; il faut bien que ce soit encore une prédiction vague, confuse, adaptable à cent évènemens différens, puisque nous allons voir dans les N°s. suivans, qu'il ne cesse pas de parler avec éloge des comités de gouvernement en général, et de Couthon en particulier.

Je n'ai pas non plus son N°. 79, dont il s'honore le plus, parce que c'est ce qui l'a fait chasser des jacobins ; il n'en cite cependant rien, sinon l'éloge de Carrier, qu'il prétend n'avoir pas bien connu. Il faut qu'il s'excuse de même, sur le N°. 80, puisqu'il contient mon éloge.

Au reste, il faut rendre justice à Guffroy ; quoique chassé des jacobins, et, par suite, retiré du comité de sûreté générale, il eut la discrétion de n'en témoigner aucune humeur. Il demeura attaché à leurs principes ; il cita toujours honorablement les plus outrés d'entr'eux, il continua de faire l'éloge des membres du comité de gouvernement, parce qu'il savoit que c'étoit encore de là, que souffloit le vent.

N°. 105. « *Le sang du crime contient, comprime les germes de l'innocence et de la vérité ; il faut qu'il déborde sur la nature pour leur laisser un libre et rapide developpement.* (Rapport de Fouchet de Nantes.) Voilà la vigueur des expressions qu'emploient les Français de toutes contrées ; tel est, chaque jour, l'accent que fait raisonner les voûtes du sanctuaire de la liberté.

» Tous les crimes, dit Couthon, ont été mis en action contre la vertu républicaine ; il faut punir tous les crimes pour ne faire régner que la vertu. »

Enfin, dans son N°. 126, daté du 15 floréal de l'an 2, il semble avoir affecté d'approuver toutes les mesures de sûreté que les décrets avoient établies, et que j'étois obligé de faire exécuter dans ma mission ; comme s'il avoit voulu détruire, d'avance, toutes les inculpations qu'il m'a faites.

» Le gouvernement révolutionnaire, dit-il, » arrive. Les armées sont purgées des traîtres,

» dont on vantoit les talens. L'inviolabilité pré-
» tendue des mandataires du peuple s'efface ;
» la Convention s'épure ; par-tout le crime est
» poursuivi ; la justice est à l'ordre du jour ; la
» marche du gouvernement seconde la volonté
» du peuple ; tout prend l'ap lond ; le lien
» consolide l'unité ; les traîtres et les conspira-
» teurs disparoissent ; oui, tout est au pas de
» charge en France ; et, tandis qu'aux frontières
» on trouve des correspondances contre-révo-
» lutionnaires, sur des prêtres, des émigrés,
» l'avant-garde de l'armée révolutionnaire de
» la république, les éclaireurs de la Conven-
» tion, les comités de salut public et de sûreté
» générale enfin ont découvert de nouvelles
» traces de conspiration déjouée et punie. »

Je n'ai encore répondu qu'à une note de
Guffroy ; mais à une note qu'il appelle lui-
même *essentielle*, et qui l'est en effet ; car
si, malgré ses erreurs et ses excès, Guffroy ne
peut être réputé complice des anciens comités
de gouvernement, pourquoi donc le serois-je ?

Mais je vais plus loin ; et, suivant toujours
la même méthode, je vais répondre en détail
à toutes les inculpations qu'il me fait. Comme
la plupart sont destituées de toute vérité, comme
celles même qui sont les plus apparentes et
les plus spécieuses, sont entièrement défigurées,
je devrois relever tous ces mensonges, sur-tout
ceux qui m'attribuent des atrocités et des injus-
tices, que je n'ai jamais commises, quoique
Rougyff n'ait pas cessé de m'y provoquer.

De quoi Guffroy m'accuse-t-il ? 1°. d'avoir
exécuté les vues du comité de salut public,

en désorganisant l'armée, où il soutient que
j'ai fait beaucoup de mal et très-peu de bien;
2°. d'avoir été le complice de Robespierre et
de Lebon, dans les départemens du Nord et
du Pas-de-Calais. Répondons par ordre.

Je n'avois été avant ma députation que militaire, et ensuite cultivateur et commerçant:
je n'avois donc pas de grandes connoissances
en politique, quoique j'eusse lu le tocsin, ouvrage que Guffroy écrivit dans un style ap-
prochant du Rougyff, et aussi extravagant. Il
y propose d'établir des assemblées primaires de
femmes; de distribuer entre les soldats les fonds
du clergé, et mille autres conceptions aussi su-
blimes. On crut que je pouvois être plus utile
à l'armée que dans le sein de la Convention,
et j'acceptai les missions que l'on me donna
aux armées du Nord, des Ardennes, de la
Moselle et de Sambre et Meuse.

Pour repousser les calomnies de Guffroy, j'ai
fait des rapports de mes différentes missions, qui
ont été imprimés et distribués à tous les membres
de la Convention: j'y expose que j'ai contribué avec plusieurs de mes collègues à la con-
servation des places de Lille, de Dunkerque,
de Bergues et de Maubeuge; que je vins à
bout de rétablir la discipline dans l'armée de
la Moselle, par des arrêtés que le comité de
salut public trouva assez sages pour les étendre
aux autres armées; qu'après avoir destitué les
généraux traîtres, ou ineptes, renvoyé les commissaires du pouvoir exécutif, et purgé en partie
les différentes administrations des charrois, je
n'ai plus eu que des victoires à annoncer,

quoiqu'on nous laissât souvent manquer de
tout ; que j'avois empêché la défaite de nos
troupes à Fleurus, en écrivant aux généraux
de ne point exécuter les ordres du traître et
scélérat Saint-Just , qui avoit enjoint au général Jourdan d'envoyer 30,000 hommes pour
renforcer l'armée du Nord , en le menaçant
publiquement de la guillotine , s'il arrivoit
que Pichegru essuyât quelques échecs; qu'enfin
je n'avois pas peu contribué à faire restituer
à la république , les places importantes du
Quesnoy, Valenciennes et Condé.

Guffroy n'a pas jugé à propos de critiquer ce
rapport à la tribune de la Convention ; mais dans
son libelle, il m'accuse, « de n'avoir précisé au-
» cune époque, aucun fait ; d'avoir décou-
» ragé les hommes à talens, en mettant à
» leurs places des êtres immoraux, des dépré-
» dateurs, des poliçons, des ignorans; d'avoir
» commis des violences coupables, et distri-
» bué des coups de bâton aux généraux ; de
» les avoir fait incarcérer , fusiller ou guil-
» lottiner ; en un mot , d'avoir désorganisé
» l'armée », parce que, selon les expressions de
Rougyff, n°. 126, les armées étoient purgées
des traîtres dont on vantoit les talens.

Je pouvois répondre en deux mots à Guffroy,
que c'est cette armée ainsi désorganisée qui
marcha constamment de victoire en victoire.

Mais quelles preuves Guffroy allègue-t-il
de tant d'inculpations ? j'en crois à peine mes
yeux : pesez, lecteur, et jugez.

« Plusieurs armées, dit-il, appuieront mon
accusation, quand , se reposant sur les lau-

riers de la victoire, nos défenseurs auront le loisir de penser à toi. En attendant, les comités et les juges pourront interroger les régistres de la société populaire d'Arras, sur lesquels doivent être consignées des plaintes graves, à moins que Lebon ne les ait arrachées. »

Tel est par-tout le genre de preuves que Guffroy allègue à l'appui de sa dénonciation. S'il ne se laissoit point emporter et aveugler par la passion, n'auroit-il pas commencé, avant de me dénoncer, à se procurer les pièces qu'il allègue, à les bien examiner, à les peser, ou du moins à s'assurer de leur existence et des moyens de pouvoir les produire ? Alors, et seulement alors, il auroit pu dire avec confiance : « J'invoque ici l'impartialité la plus sévère, et je la défie, ainsi que toi, de me faire voir que je suis mal instruit ou de mauvaise foi. Je somme la nation entière de me punir, si tu prouves que je t'ai calomnié sur un seul fait. » Car enfin, n'est-ce pas calomnier un homme, ou du moins s'exposer à le faire, que de lui imputer des délits invraisemblables, sans pouvoir en fournir en même-temps la preuve.

Certes, il seroit bien difficile que, parmi tant d'officiers que j'ai été obligé de destituer, parmi tant de déprédateurs que j'ai déjoués et éloignés des armées, aucun n'eût tenté de se faire rétablir ou de se venger, en portant des plaintes contre moi : je remarquerai, en passant, qu'aucun d'eux ne m'a accusé de déprédation, et que Guffroy même, qui cite, avec tant de confiance, le compte que j'ai rendu pour les dépenses faites pendant mes missions aux armées et dans les départemens, n'a osé l'attaquer. » J'y ai été pendant treize mois, j'ai fait, pendant ce temps, cinq fois le voyage de Paris aux armées, et des armées à Paris. J'ai fait encore une infinité d'autres courses dans l'intérieur des départemens, où j'étois envoyé. J'avois un secrétaire et un homme de confiance à nourrir et à payer, l'entretien de quatre chevaux et d'une voiture, et néanmoins, Je n'ai dépensé à la république que 14,590 liv. je laisse à juger combien sur cette modique somme, j'ai pu *boire et fricotter.*

Guffroy se fâche sérieusement, et en vrai père Duchêne, de ce que j'ai parlé des certificats honorables, que ses calomnies m'ont forcé de recevoir de la part du collègue et des généraux, avec qui j'ai combattu les satellites des tyrans coalisés contre nous. Il ne veut s'en rapporter qu'à mes ennemis ; et même dans l'impossibilité où il est de produire leurs plaintes, il travestit en crimes tout ce que j'ai fait de bien.

Oui, et je m'en félicite, j'ai destitué beaucoup d'officiers, mais pas tant qu'auroit voulu Rougyff. Il me conseilloit de mettre à bas tous les nobles, *même ceux qui étoient dévoués à la république.* (N°. 3.)

J'aurois cru commettre une injustice, si je n'en avois conservé plusieurs, tel que le général Bollemont, commandant actuellement l'artillerie de l'armée de Sambre et Meuse ; les généraux Pagmarolle, Debelle, etc., qui ont continué à jouir de la confiance du soldat, et à être la terreur de l'ennemi.

J'avoue de plus, que, quand, d'après des dénonciations graves, je croyois urgent de suspendre ou de destituer des généraux ou d'autres officiers, j'avois la facilité de les réintégrer, quand, après de plus amples informations, je reconnoissois leur innocence.

J'avoue encore que j'ai témoigné à plusieurs officiers ma vivacité et mon indignation ; mais je ne leur ai jamais donné de coups de bâton ; et comment l'aurois-je fait, puisqu'on ne porte pas de bâton à l'armée. Je n'avois qu'un sabre, des pistolets et une carabine, dont j'ai fait plusieurs fois usage contre l'ennemi.

Il seroit encore plus grave, sans doute, d'avoir fait fusiller, ou guillotiner injustement des généraux ; mais on ne cite aucun fusillé, et ce n'est pas la peine de citer deux guillotinés ; il auroit dû y en avoir bien davantage, sur-tout au commencement de mes missions.

» Voulez-vous faire cesser les trahisons des généraux, envoyez-en un ou deux, par semaine, faire le saut de carpe à la guillotine. Chaque fois qu'un de nos postes sera battu ou forcé, crak, à bas la tête des chefs.... Allons, allons, pas tant de compte : la tête au sac. » C'est le conseil que me donnoit Rougyff, nº. 18, et que je n'ai pas suivi.

Mais Guffroy soupçonne que ces deux guillotinés ont été condamnés injustement ; mais, comme il avoue, page 299 de son mémoire, n'avoir pas encore eu le temps de vérifier le fait, et que, d'ailleurs, je n'ai pas été leur juge, je l'abandonne à sa témérité.

Après avoir rapporté les mémoires de deux guillotinés (qu'il trouve solide , comme de raison), il ajoute :

» Savez-vous ce que Duquesnoy , député, a répondu à ces raisonnemens , sans replique ? *la mort.*

DUQUESNOY. »

N'allez pas vous imaginer, lecteur, qu'on cite ici une de mes lettres ; c'est une simple figure de rhétorique. Guffroy a été avocat et rhéteur ; c'est ainsi qu'il plaidoit autrefois, et c'est encore ainsi qu'il plaide aujourd'hui la cause des royalistes et des aristocrates , des modérés et des indulgens , etc., que Rougyff envoyoit sans pitié à la guillotine.

Mais peut-être ai-je sollicité leur condamnat on auprès des jurés ;. Guffroy le présume encore , apparemment parce qu'il se souvient d'avoir conseillé cette marche dans son Rougyff , N°. 5. « Convention , ne te contente pas d'accuser : dis aux juges de faire tomber la guillotine. » Mais la vérité est , qu'en vertu d'un décret de la Convention , qui ordonnoit la mise en jugement de plusieurs généraux et officiers accusés, détenus à Arras, je m'y transportai , pour y déposer ce que je savois.

Gillet, adjudant-général, employé dans le génie, qui avoit été garde de l'empereur, fut dénoncé par le général Jourdan, pour avoir fait de faux rapports sur la situation de l'ennemi ,

nemi , et pour n'avoir point fait construire les redoutes , et fait faire les abattis qu'il lui avoit ordonnés ; ce qui fut cause qu'un de nos avant-postes fut forcé et mis en fuite ; et si l'ennemi eût été hardi , je ne sais pas ce qui s'en seroit suivi.

Rochette , commandant d'Avesnes, n'avoit rien fait préparer , soit pour recevoir, soit pour faire panser nos blessés, dans l'affaire à jamais mémorable de Watigny , tandis qu'il avoit fait arranger un local commode pour le neveu de Cobourg , lieutenant-colonel du régiment de ce nom, fait prisonnier la veille ; de sorte que, par sa négligence, plus de six cents de nos blessés moururent : les soldats, indignés de cette conduite , le dénoncèrent. *Au reste, on entendit plusieurs témoins contre ces deux prévenus.*

Je ne suivrai pas Guffroy dans ses déclamations sur ma conduite à Metz, approuvée par le comité de salut public : comme il rapporte lui-même le récit que j'en ai fait, je laisse au lecteur impartial le soin de les comparer avec les chicanes et les grossièretés dégoûtantes qu'il y oppose.

On peut juger maintenant s'il est vrai, comme le dit Guffroy, que j'aie été l'exécuteur des vues du comité de salut public pour désorganiser l'armée. Je soutiens, au contraire, que j'ai constamment déjoué les vues d'une partie de ses membres ; 1°. en résistant aux ordres de Saint-Just pour affoiblir l'armée aux ordres du brave Jourdan ; 2°. en n'épargnant ni soins, ni fatigues, pour procurer à l'armée des vivres, dont elle a plusieurs fois manqué; 3º. en m'exposant souvent, comme un soldat, pour donner l'exemple, et assurer nos succès; 4º. enfin, en résistant en face à certains membres du comité de salut public, qui avoient fait suspendre les généraux Jourdan et Ernouff; en accourant à Paris exprès, et en répondant sur ma tête de ces deux braves officiers, qui ont continué de bien servir la république.

...Guffroy n'ignore pas ce dernier trait de perfidie de la part de quelques membres du comité de salut public; il me le rappelle dans la lettre amicale qu'il m'écrivit le 12 messidor dernier, et il me charge d'embrasser pour lui, le brave Jourdan, et *de lui dire qu'il n'avoit jamais partagé l'injuste opinion qu'on avoit voulu donner de lui.*

..Ce fut précisément alors, et dans l'humeur que me donnoit cette injustice criante, que je dis à Guffroy que j'avois plusieurs chefs d'accusation contre notre collègue Carnot, alors membre du comité; parce qu'étant plus particulièrement chargé de la partie de la guerre, je lui attribuois (injustement, je l'avoue) les perfidies des autres, sur-tout celles de Robespierre.

.. Je n'ai jamais été l'ami ni le partisan de ce dernier; j'avois jugé et dévoilé sa conduite pendant l'assemblée législative, et je m'en étois expliqué à Guffroy, dans la lettre qu'il rapporte, page 335 : Robespierre, dis-je, m'avoit vraiment paru alors *un homme dangereux, qui vouloit absolument s'ériger en dictateur*, *ou être chef du gouvernement ;* j'avois même ajouté que *son ambition démesurée le perdroit.*

Mais je me crus obligé, dans la suite, de réformer ce jugement sur l'opinion publique qui prodiguoit à Robespierre le titre de *brave* et d'*incorruptible ;* de sorte qu'en écrivant à Lebas, le 19 septembre 1793, j'ai pu très-innocemment me servir de ces expressions, alors consacrées, sur-tout s'agissant d'engager Robespierre à faire rendre un décret pour faire vendre les biens des émigrés, par petites portions. Guffroy, qui a été long-temps le courtisan de Robespierre, le prophète Guffroy qui étoit plus à portée et plus capable, sans doute, que moi, de le bien connoître, ne peut se scandaliser de ces expressions, puisqu'il avoue lui-même que, pour obtenir justice de Robespierre, il lui donnoit des louanges, qu'il savoit bien ne pas mériter, page 123.

D'ailleurs, si j'avois été l'agent et le complice de Robespierre, n'aurois-je pas préféré de lui écrire à lui-même, plutôt qu'à Lebas ? Je défie Guffroy, qui a fait l'inventaire des papiers trouvés chez Robespierre, de citer une seule lettre que je lui aie écrite, qui puisse me compromettre : le silence de Guffroy à cet égard est même une preuve certaine que je n'ai jamais été en correspondance avec le tyran ; jamais, quoi qu'en dise Guffroy, je ne lui ai envoyé de dindons, ni fait de présens d'amitié.

Je connoissois plus particulièrement Lebas, 1°. parce que nous étions envoyés par le même département ; 2°. parce qu'il avoit dans ma commune de très-proches parens. Arrivant de ma commune à Paris, j'allai chez Lebas, lui faire des complimens de ses parens, et je lui donnai du gibier que j'avois chassé avec l'un d'eux. Lebas renvoya ce gibier chez son beau-père, Duplagi, où Robespierre demeuroit; c'est-là qu'il fut mangé, au mois de septembre 1793.

Venons à Lebon, et voyons si j'ai été le complice de ses iniquités et de ses extrava-gances. Guffroy le suppose par-tout, et ne le prouve nulle part : par-tout il m'accole à Lebon, et m'impute tout ce qu'il a fait, sans en donner d'autres preuves que ses lettres, où souvent je ne suis pas nommé. « Duquesnoy et Lebon, dit-il, agissoient révolutionnaire-ment, à la Couthon, au vu et au su du co-mité de salut public. » Car Lebon écrivoit à ce comité: « Si, par hazard, j'arrive à Paris, (cela est arrivé une fois) dans le temps à-peu-près que Lebon s'y trouve, c'est pour me *retremper avec lui dans la cuve acerbe des comités de gouvernement.* »

Si le comité de salut public écrit à Lebon qu'il a besoin de conférer avec lui sur des objets importans, Guffroy me somme au nom du peuple français, de déclarer à la France de quoi il s'agissoit.

Telle est par-tout la logique puissante et ir-résistible du déclamateur Guffroy.

Si Lebon imagine des commissions vrai-ment perfides pour l'épuration des détenus, c'est de concert avec moi, et aussitôt il cite une de mes lettres à la commission d'Arras, sans avertir que c'est une réponse à des questions que me faisoit la commission sur certains aristocrates fieffés, sur lesquels je dis mon avis, renvoyant pour le reste à la femme de Lebon, qui avoit eu occasion de les connoître.

Il est vrai que ma lettre commence par cette maxime, que j'ai eu tort de puiser dans le dégoûtant Rougyff. *Ceux qui ne sont pas pour la révolution, sont contre, et à plus forte raison, ceux qui n'ont rien fait pour elle.*

Rougyff est même plus fort. « En France, il ne doit plus y avoir que des citoyens; tout ce qui n'est pas cela, est un ennemi de la patrie et un partisan de la tyrannie.» (N°. 22.)

Mais, dira-t-on, mes lettres et celles que Lebon m'écrivoit, prouvent entre nous une correspondance et un concert parfait.

Ces lettres, que Guffroy affecte de répéter souvent dans son libelle, se réduisent à quatre. Si cela suffit pour établir une complicité, tous les représentans en mission dans les départemens du Nord et du Pas-de-Calais, seront dans le même cas : car il n'est aucun d'eux qui ait pu s'empêcher d'avoir avec lui quelque conférence, quelque correspondance, quelque concert dans quelque mesure à prendre. Personne peut-être n'a eu moins de liaisons avec lui que moi. Ce n'est que dans le département du Pas-de-Calais, que j'eus occasion de le rencontrer deux fois.

J'étois à Boieffle, il y a environ quinze ou seize mois, retenu par un accès de goutte qui tiroit à sa fin, lorsque l'administration du district de Béthune m'envoya une voiture et me pressa de me rendre au chef-lieu pour y assister à une fête civique; c'est là que je rencontrai Lebon, alors l'ami de Guffroy. Comme je n'avois pas alors la moindre suspicion contre lui, je ne fis aucune difficulté de souscrire sa lettre du 10 nivôse au comité de salut public, dont voici les termes.

« Nous sommes environnés d'un tas de vauriens, civils et militaires, que nous avons envoyés à Arras, pour y subir la peine due à leurs crimes contre la république; nos arrêtés, non contredits par vous, autorisent le tribunal criminel du département du Pas-de-Calais, à expédier ces scélérats révolutionnairement; mais votre silence fait trembler le susdit tribunal; il renvoie nos coquins à des jurés d'accusation, qui vont les innocenter à tort et à travers.

Cette dernière assertion étoit exacte; déjà le fameux du Vielfort, chez qui on avoit trouvé une correspondance suivie avec les émigrés, et des papiers contre-révolutionnaires, avoit été acquitté; déjà le nommé Brodel, qui, dans plusieurs lettres, lui avoit offert son bras pour combattre en faveur de la noblesse opprimée, avoit été renvoyé par le juré d'accusation de Béthune.

J'avoue, au reste, que les expressions de cette lettre n'étoient guères mesurées; mais Guffroy, qui les relève aujourd'hui si amérement, devroit se souvenir que son ami Lebon les avoit puisées dans Rougyff, qui alors n'avoit peut-être pas tout-à-fait tort.

Qu'il se rappelle donc *toutes les trahisons*

qui nous environnoient alors (n°. 12 et 13)*;
tous les revers nécessités par la mollesse de
nos mesures.* (N°. 11.) Qu'il se souvienne
qu'alors *il aimoit à voir prendre des mesures
efficaces ; que le temps de frapper des grands
coups étoit arrivé* (n°. 5); *que la politique de
la liberté, devoit être la même que celle de
la tyrannie* (n°. 18); *que le temps de la foiblesse étoit passé ; qu'on devoit aux méchans
les mesures extrêmes qui sauvent les em-
pires* (n°. 26); *que* Guffroy, dis-je, se rappelle tout cela, et il verra que je n'étois pas
même au pas avec lui.

En effet, lecteur, lisez les deux tirades
suivantes : « Aux armes, foutre : je suis d'une
colère de bougre contre la canaille traîtreuse.
Il faut tout exterminer, tout faire trembler....
Convention, l'indulgence pour les traîtres est
une conspiration contre la liberté. Français,
point de graces aux perfides : fussent-ils nos
amis, nos frères, nos enfans, ne voyez que
leurs crimes et gardez vos sermens. Français,
la liberté commande leur supplice. Va, qui
pardonne au crime, en devient le complice....
Anathême à qui ne poignardera pas les traîtres qui veuillent nous affamer. (N°. 14.)

» Convention nationale, attention au com-
mandement ; vîte, vîte, comme le vent, Elie
Lacoste, un bataillon révolutionnaire dans
chaque département, vîte, le mal presse ; il
faut que tout aille ensemble ; force à l'exté-
rieur, armée révolutionnaire dans l'intérieur ;
mais ce n'est pas assez pour réduire nos ennemis, il faut suivre l'avis de la société po-

pulaire de Beziers et de plusieurs autres ; drelin, foutre, drelin ; vîte, que ces bataillons révolutionnaires soient formés : outre les canons, qu'ils aient à leurs suite un tribunal révolutionnaire, qui, marchant si multanément, juge et fasse guilloliner incontinent tous les aristocrates, ennemis déclarés de la patrie. Ami, c'est le moyen de raser de près tous les schenapans, tous les hypocrites, plus dangereux encore. Alerte, alerte ; que le savon républicain parcoure tous les lieux ou ce puant modérantisme a fait plus de ravage que l'armée de Cobourt ne pourroit faire. » (No. 2.)

Je passe à la seconde lettre du 17 nivôse ; et pour son intelligence, je dois dire, qu'étant à Béthune, Lebon avoit fait la guerre aux prêtres et au fanatisme, et avoit donné en ma présence, une de ces farces qui se répétoient alors dans tous les départemens contre les ministres du culte. Je me rappelle que notre collègue André Dumont m'invita à l'accompagner à Péronne pour me donner une pareille scène. Alors les représentans en faisoient part avec enthousiasme à la Convention ; leurs lettres étoient insérées au bulletin, ainsi que les adresses qui y étoient analogues. Dans le fait, comme les prêtres les plus sensés avoient alors abandonné leurs fonctions, ceux qui les continuoient, étoient au moins l'occasion de grands rassemblemens de personnes des communes voisines, qui étoient inquiétans, parce qu'ils pouvoient allumer le fanatisme.

Quoi qu'il en soit, ce n'est pas à Arras, mais à Béthune que j'ai souscrit la lettre de Lebon, du 17 nivôse, quoiqu'il ait plu à Lebon de la dater d'Arras, et de dire au comité qu'il m'y avoit appelé pour l'aider. La vérité est pourtant que je ne suis point allé à Arras, mais à Aire et à Saint-Omer, pour y épurer, par ordre du comité de salut public, les autorités constituées et les détenus, et j'ai fait élargir plus de deux cents de ces derniers.

Dans cette lettre donc, datée du 17 nivôse, et que je n'ai vue qu'à Béthune, j'ai cru pouvoir dire que Lebon étoit un homme nécessaire pour achever de terrasser le fanatisme dans les départemens du Nord et du Pas-de-Calais. En effet, il venoit de me donner des preuves de ce qu'il savoit faire en cette partie : du reste, le public ne reprochoit encore à Lebon aucune faute ; il me parut même alors moins exalté, moins *au pas......* que son ami Guffroy.

Pourquoi donc ce dernier se recrie-t-il si fort sur mon apostille, et prétend-il que le fanatisme n'a jamais fait de mouvement digne d'exciter la sévérité des tribunaux ? mais pourquoi faut-il le rappeler sans cesse à son Rougyff, où, non content de saper le christianisme, il en poursuit les ministres avec acharnement ; où il soutient que le meilleur d'entr'eux ne vaut rien ; où ils sont tous réputés scélérats et dignes de la guillotine ?

« Les prêtres, dit-il, ont toujours été de fières épées : attention s'ils bronchent, au pas de charge, à la guillotine. » (N°. 37.)

« Nous devons être en mesure pour réparer les échecs de la Vendée ; et dans huit jours, toute cette race de prêtraille ,..... ces infames suppôts de la tyrannie et de la superstition, seront anéantis. Il ne faut pas qu'il en reste plus que dans mon œil. Anéantis, vous dis-je, sans pitié; on ne fait pas de prisonniers de cette sorte d'hommes ; on les embarque tous dans la barque à Caron. » (No. 6.)

» Vois-tu ces cinquante hommes d'infanterie , avec vingt-cinq de cavalerie? Hé bien, qu'est-ce que cela ? Ce sont des administrateurs du district d'Arras, qui vont faire la chasse aux aristocrates, aux enragés modérés, aux nobles perfides, aux prêtres scélérats. Aussi ils sont conduits par des administrateurs et un juge de paix : ils ont du poil, ceux-là ; ah! dame! » (No. 19.)

Guffroy m'oppose encore une lettre, dans laquelle Lebon me mande qu'il a reçu les pièces relatives à Duranel et Beck, et que leur affaire ne tardera pas à être instrumentée.

Guffroy assure dans une note , que Duranel et Beck étoient deux cultivateurs du district de Béthune, poursuivis par moi : la vérité est pourtant que Duranel étoit un médecin flamand, qui s'avisa, à la fête anniversaire du 10 août, de crier vive le roi en présence de tout l'état-major de l'armée ; que ce Duranel, incarcéré pour ce délit, parvint à s'évader, de concert avec Beck, son geolier; qu'enfin, ces deux individus ayant été repris et envoyé au tribunal d'Arras, Lebon m'accuse, par cette lettre, la réception des pièces qui les concernoient.

Passons à la procédure de la veuve Bataille

et consorts, sur le sort de laquelle, il cherche tant aujourd'hui à nous appitoyer : voici le cas.

On avoit saisi chez cette femme, vraiment fanatique et aristocrate, des papiers royalistes et contre-révolutionnaires, des lettres infames d'émigrés, et sur-tout un registre, continué jusqu'au mois d'août 1793. Où s'étoient fait inscrire plusieurs individus, jaloux de partager avec ladite Bataille, le mérite d'envoyer des secours aux prêtres émigrés. Ces individus prétendoient avoir été portés à leur insu sur le registre, ou avoir donné pour tout autre motif que l'entretien des prêtres émigrés. Et la veuve Bataille convenoit qu'elle seule connoissoit l'emploi qu'elle avoit fait de ces secours; mais à raison de leurs liaisons avec ladite Bataille, et de leur attachément pour les prêtres réfractaires, ils furent condamnés à mort, à l'exception de quatre, du nombre desquels étoient l'avocat Dochet et sa femme, homme éclairé, mais qui ne s'étoit jamais décidé *pour la révolution.*

Guilroy, qui va toujours aux extrêmes, s'appitoie, en vrai défenseur officieux, sur le sort de la veuve Bataille ; il assure vaguement, et il avoueroit, s'il étoit de bonne-foi, qu'on avoit trouvé chez la veuve Bataille, les reçus des prêtres émigrés, datés de Tournay et autres villes ennemies, et sans le savoir; que les papiers saisis ne contenoient rien de criminel; que rien n'annonçoit que les secours fournis étoient destinés pour des prêtres réfractaires, et qu'ils étoient antérieurs à la déportation ou à l'émigration de ces entêtés. Il avoue, au reste, qu'aucun de ces accusés n'étoit compté parmi les patriotes (1).

« Mais, dit Guffroy, s'ensuit-il de là qu'ils dussent tous être guillotinés? non, sans doute, quoi qu'en ait dit Rougiff; mais aussi, n'est-ce pas ce dont il s'agit? Quoi qu'on puisse penser du jugement, il s'agit de savoir si on peut me l'imputer. »

Guffroy suppose que le 25 germinal, j'étois venu expressément à Arras pour aider Lebon dans cette opération, et influencer les juges. Le fait est cependant que j'étois parti de Paris, en vertu d'un décret, pour déposer dans l'affaire de plusieurs officiers ; que j'avois été entendu la veille ou l'avant-veille, au tribunal, et que je devois encore y être entendu ; que, n'ayant rien à faire, le 25 germinal, je parus quelque temps au tribunal pour voir exposer la cause de la veuve Bataille ; que j'en sortis à midi, sans avoir pu influencer le jugement, qui ne fut rendu que vers le soir : par conséquent, les signes de tête que j'ai pu faire à quelques jurés, ne pouvoient concerner ce jugement ; mais la vérité est que c'étoient de simples salutations.

(2) C'est encore une invention de Guffroy, d'avancer que c'est par indignation contre

---

(1) Les prêtres ont émigré en 92, et ces secours étoient payés en 93.

(2) Je défie Guffroy et tout le monde, de prouver que j'ai jamais signé aucun arrêté, ni acte d'accusation rédigé par Lebon.

Lebon et contre moi , et pour se mettre à
l'abri de tout reproche , dans cette cause par-
ticulière , que les juges firent consigner dans
leurs registres l'arrêté de Lebon : c'étoit sans
doute une opération ordinaire, puisque Lebon
tenoit la même marche dans toutes les procé-
dures , comme on le voit par les jugemens
imprimés ; et peut-être suivoit-il en cela les
conseils de Rougiff. « Convention nationale ,
ne te contente pas d'accuser ; dis aux juges de
faire tomber la guillotine. » (N°. 5.)

Il est vrai que le jour même du jugement ,
étant à souper avec des jurés et les administrateurs du district, on parla beaucoup de
cette affaire. Plusieurs reprochèrent au citoyen
Leblond d'avoir voté en faveur de Dauchez ,
qui , comme plus éclairé que les autres , étoit
plus inexcusable. La conversation s'anima et
dura long-temps ; j'y pris part comme les autres : mais je me bornai à dire que tous auroient
dû être condamnés ou acquittés , puisque c'étoit
la même cause. C'est ce qui est attesté par le
citoyen Regnault, chez qui on soupoit. Leblond
même , dans sa déposition du 27 thermidor ,
visiblement mandiée par Guffroy , pour être
remise au comité de sûreté générale , ne s'en
éloigne pas ; mais comme Guffroy vouloit me
trouver coupable, on fit faire une information ,
sur la fin de frimaire dernier , par le comité
de surveillance d'Arras. On sent bien par
quelle instigation elle fut faite ; on n'osa interroger directement Regnault sur ce qui s'étoit
passé et dit à sa table ; on prit des détours ; et
si on lui fit des questions relatives à cet objet ,

on ne les mit pas dans le procès-verbal; mais on alla droit au but avec les autres témoins. Le notaire Delville qui, comme ami, m'avoit donné à dîner ce jour-là, étoit devenu depuis mon ennemi déclaré : il ne peut me pardonner d'avoir annullé une vente de biens nationaux, dont l'estimation n'avoit pas été faite légalement à lui et à sa famille, pour le quart de sa valeur, ne se souvient plus des différens personnages qui avoient parlé; il me fait faire, à moi - seul, tous les frais de la conversation, en disant que j'étois ivre (1). Grenier ne se souvient que de mon ivresse, et laisse à douter si ce n'étoit pas lui qui l'étoit réellement. Corneille et Billon disent que j'ai reproché à Leblond d'avoir acquitté Dauchez, et menacé de faire incarcérer l'un et l'autre.

Et quand il seroit vrai que, dans la chaleur de la conversation et à la fin d'un souper, il me fût échappé quelque chose de semblable, je n'aurois fait qu'imiter Rougyff, qui dans le calme de son cabinet, faisoit trembler les prévenus et les magistrats du département du Pas-de-Calais.

« Je vois les braves patriotes de Noyelle, tracassés par l'aristocratie d'un riche laboureur.... Qu'entends-je ? l'accusateur public se mêle du tripotage ; il soutient le plus fieffé aristocrate. Dites-donc, Louis et compagnie, voudriez - vous essayer du collet à *Louis ?* Et

____

(1) Ce que j'ai pris ce jour-là, je l'ai pris avec Delville et Grenier.

toi, accusateur public, qu'une poitrine et quelques travaux civiques ont fait nommer au poste que tu occupes ; et toi, tu as osé mettre ta volonté à la place de la loi ! tu as osé menacer un corps municipal, qui a fait incarcérer des hommes suspects, souteneurs des calotins factieux ! Et quoi ! tu as osé lui dire que si, dans vingt-quatre heures, les Louis n'étoient pas hors de la maison d'arrêt, tu montrerois tes cornes aux officiers municipaux !....

» Citoyens, dites à Demenlies : à bas les cornes ; à bas le despotisme d'un fonctionnaire public ; à bas le fonctionnaire public. Vas apprendre, dans ton village, à redevenir modeste. Ministre de la justice, à vous la halle. Députés-commissaires, à vous la commission de prononcer destitution. » (N°. 4.)

Cependant Guffroy, pour prouver que c'est d'après mes propos et mes conseils, que Lebon avoit fait arrêter (plus de deux mois après), non-seulement le juré Leblond, mais encore l'adjudant-général, son frère, Beugnel et Demeulier, membres du tribunal revolutionnaire, rapporte une lettre du 20, dans laquelle je me borne à applaudir *aux mesures vigoureuses* que Lebon prenoit. Mais quoiqu'il ait plu à ce dernier d'anoter sur ma lettre, que, témoin de la conduite de Leblond, dans le jugement de la veuve Bataille, Dauchez et autres, je lui avois conseillé de faire arrêter le juré Leblond, il n'en est pas moins vrai que ma lettre, du 20 floréal, n'est qu'une réponse à celle que venoit de m'écrire Lebon, et que Guffroy rapporte aussi, mais dans un ordre rétrograde.

Or, dans cette dernière, Lebon me man-
doit qu'il venoit de faire conduire à Paris
Demeulier, Beugnel et Leblond, ex-mem-
bres du comité de surveillance, prévenus
de manœuvres en faveur de l'aristocratie ; et
Leblond, adjudant-général, pour l'avoir traité
de gueux, de coquin, dans une commune de
campagne, et pour y avoir cherché à y exciter
un soulèvement. »

Devois-je donc croire, quand j'ai répondu à
cette lettre, en termes si généraux, qu'il ne
s'agissoit encore que de l'absolution de Dauchez ? Il n'y avoit qu'un seul juré parmi les
quatre personnes envoyées à Paris ; et beaucoup
d'autres cependant, avoient été de même avis
que Leblond. Pourquoi aurois-je engagé Lebon
à faire arrêter ce dernier seul ?

Une preuve, sans réplique, que je n'ai pas
agi de concert avec Lebon, dans l'arrestation
de ces quatre citoyens (avec qui j'étois ami,
et crois encore l'être), c'est que c'est moi,
qui, arrivé à Paris, de l'armée de Sambre
et Meuse, ai sollicité et déterminé le comité
de salut public à les mettre en liberté. Guffroy le reconnoît lui-même; expressément pour
m'en ôter le mérite, il a la malice de dire,
que j'étois *l'homme de confiance du comité
de Robespierre.*

Il savoit bien cependant, et il le reconnoît
encore lui-même, que je m'étois souvent plaint
de plusieurs membres de ce comité ; que je
leur avois résisté en face, sur-tout dans l'affaire de Jourdan et d'Ernouf : il sait enfin, que
dès-lors les extravagances et les excès de Lebon,

qui

qui étoit encore son ami, m'avoient sauté aux yeux, et que je n'avois plus avec lui que les correspondances indispensables pour le bien public. Aussi ne peut-il m'opposer aucune lettre postérieure au 20 floréal ; aussi, dans sa lettre amicale, du 12 messidor dernier, que je n'ai reçue (par les mains de quatre individus de Béthune, qui m'étoient venu voir) que le 8 thermidor, parce qu'elle avoit été renvoyée de l'armée où je n'étois plus, s'adresse-t-il à moi, comme à un homme bien disposé pour arrêter les excès de Lebon et de deux de ses complices. J'en fis arrêter quatre, la décade suivante, que le peuple d'Arras me dénonça.

Mais les choses alors, étoient bien chan-gées ; Robespierre n'étoit plus, et le comité de salut public examinoit la conduite de Lebon. Je me transportai à Arras, et je fis arrêter, comme je viens de le dire, ceux que le peuple assemblé me dénonça. Il m'accuse d'avoir été en conférence à Arras, avec d'autres compli-ces de Lebon ; mais il n'a garde de dire que ces personnes ne m'ont jamais été dénoncées par qui que ce soit : qu'elles remplissoient alors des fonctions publiques, et que la plupart avoient été, jusques-là, les amis de Guffroy, et en correspondance avec lui, et chez qui je soupai, avec Guffroy, la dernière fois qu'il vint à Arras. Certes, je ne devois, ni deviner, ni suivre en tout les variations de Guffroy. C'est avec bien moins de fondement encore qu'il m'accuse d'avoir prédit que le parti de Lebon triompheroit, et d'avoir eu une conférênce de trois heures avec sa femme. Il est vrai que cette dernière vint me trouver; mais elle ne resta pas un demi-quart d'heure chez moi, et je la congédiai même assez durement.

Il m'accuse, et il le répète plusieurs fois, d'avoir fait mettre en liberté quatre des complices de Lebon, qui avoient été depuis conduits à Paris.; et avec son impudence ordinaire, il cite en preuve, « plus de huit cents individus, qui, en présence de Berlier, l'ont déclaré à la France entière, dans une adresse déposée au comité de sûreté générale. »

» Législateurs, disent ces bons citoyens de toutes les classes, l'indignation publique ne peut se comprimer, quand les traces sanglantes des monstres qui l'ont fait naître, subsistent encore, et réclament justice. Le comité de sûreté générale, égaré par Duquesnoy, qui a fait couler bien des larmes à l'innocence, renvoie au milieu de nous quatre assassins de nos frères, de nos amis ; Duquesnoy prend les quatre individus sous sa caution, (ainsi l'a écrit Guffroy aux citoyens d'Arras, à qui il en imposoit impunément)..... « Si nous accusons Duquesnoy, c'est que nous avons l'ame aigrie contre ce représentant qui veut rouvrir nos plaies, etc.... »

Guffroy, qui est membre du comité de sûreté générale, et qui, sans doute, en a parcouru le registre, confirme personnellement la dénonciation, en disant dans une note, page 337 : « on ne sera pas étonné que Duquesnoy ait fait mettre dans le mandat de mise en liberté de Galland, que c'étoit à sa recommandation. On vient de voir, je pense, bien évidemment, qu'il étoit son complice. Lisez, au reste, la note mise au nᵒ. 41 des pièces justificatives. »

Le lecteur, qui me croit déjà atteint et convaincu sans replique, cherche pourtant cette note au lieu indiqué, et ne la trouve pas. Quelle noirceur ! quelle perfidie ! elle ne se trouve qu'au nᵒ. 39, *cette note essentielle*, qui contient précisément une rétractation de tout ce que Guffroy a dit : la voici.

« Si les citoyens d'Arras avoient bien su les détails, ils auroient dit que ce fut par le moyen de Lesage-Senault, que ces hommes ont été soustraits à la vigilance de la loi, et que ce fut le même Lesage-Senault, qui, pendant l'espace de deux ou trois décades, fit sortir d'abord les jurés égorgeurs de Cambray, les jurés assassins de Bethune, les jurés guillotineurs de Saint-Pôl, les jurés fusilleurs et antropophages d'Arras et de Bapeaume. »

De combien de délits me voilà tout d'un coup disculpé : il en reste pourtant encore un petit ; car, il ajoute : « et peu de jours après, Duquesnoy a demandé un congé, sous prétexte de débilité de santé ; mais en effet, pour intriguer, à l'aide de ces hommes qu'il avoit fait sortir. »

Ne relevons pas ici la contradiction palpable qui se trouve entre le commencement et la fin de cette note. Demandons à Guffroy à qui il pourra persuader qu'au cœur de l'hiver, j'ai demandé un congé pour parcourir les communes où tous ces égorgeurs pouvoient s'être

retirés, sur-tout ceux de Bethune, que je connoissois le mieux, étant restés à Paris ?

Et voilà l'homme qui me défie de prouver
qu'il ait été mal informé ou de mauvaise foi ,
en m'inculpant ! il faut pourtant bien qu'il avoue
l'un ou l'autre, et peut-être les deux ensemble :
car , d'où viennent ces contradictions de la part
de Guffroy ? d'où vient que les citoyens d'Arras
disent, dans leur adresse , que s'ils me dénon-
cent, c'est qu'ils ont le cœur aigri contre moi ?
par qui aigri, si non par Guffroy, qui n'a cessé
depuis neuf mois , de me calomnier dans toutes
les lettres qu'il a écrites dans le département du
Pas-de-Calais et du Nord, et de faire croire aux
habitans d'Arras que j'étois l'auteur de la mise
en liberté des individus dont ils se plaignoient?
S'il vouloit être bien et sûrement informé, que
n'ouvroit-il les registres du comité de sûreté
générale ? il y auroit vu que je n'ai rien signé
dans l'affaire des gens d'Arras; que c'est notre
collègue Enlart qui s'en est mêlé ; que c'est
son nom, et non pas le mien , qui doit se trouver dans le mandat de mise en liberté de Galand :
enfin , il y auroit vu probablement que tous les
prisonniers dont il s'agit, n'ont été mis en liberté provisoire, que parce que le représentant
Berlier n'avoit encore envoyé aucune pièce à
leur charge.

Mais, achevons de détruire les calomnies de
Guffroy : il y en a plus que de pages dans son
énorme libelle.

« Il ne faut pas perdre de vue , dit-il fastidieusement, que je n'ai été, et je ne suis que
l'écho de tous les habitans des départemens du

Nord et du Pas-de-Calais ; que le porte-voix des communes de Saint-Pôl, Bapeaume, Bethune, Arras, Cambray et Saint-Omer ; que le défenseur officieux des opprimés de ce département ; que je remplis mon devoir de citoyen et de représentant. » Il auroit pu ajouter : et que je continue de faire mon utile métier d'écrivain versatile et d'imprimeur avide.

En vertu de cette qualité de grand redresseur de torts, qu'il ne prend pas la peine d'établir, ce nouveau Dom-Guichotte, fait sa proclamation. « Je somme, dit-il, la nation entière de me punir, si tu prouves que je t'ai calomnié sur un seul fait ; car, déjà deux départemens en masse ont signé ton brevet d'imposture et de scélératesse. »

Ne pouvant citer aucune pièce départementale, il se restreint à celles de quelques communes qu'il a provoquées par des lettres mensongères. « Duquesnoy, dit-il toujours sur le même ton, ce n'est pas moi qui t'accuse, ce sont les dénonciations remises de beaucoup de communes d'Arras et de ses environs, de Béthune et de ses environs. »

Dans l'impossibilité de montrer une pièce d'aucune commune, à l'exception de celle d'Arras, que nous venons d'apprécier, il se réduit aux dénonciations des particuliers d'un canton. » Les concitoyens de ce canton, (de Béthune) t'accusent : il existe dans les dépôts publics plus de trois cents dénonciations contre toi. »

Il remarque, dans une note, que ces pièces « sont déposées au comité de sûreté générale, et que, quand on les a parcourues, l'incrédulité

la plus robuste est obligée de convenir, en gé-
missant, que Duquesnoy est le digne émule de
Lebon, et que, comme lui, il a violé toutes les
loix. »

Guffroy se garde bien pourtant de citer aucune de ces pièces en particulier, parce qu'on
verroit clairement qu'il nous donne des moulins
à vent pour des châteaux-forts ; il en donne ,
pourtant assez naïvement le résultat : il en résulte, dit-il, d'après le résumé qu'en a fait une
commission expresse, créée par arrêté du 6 ven-
démiaire , par notre collègue Berlier, que,
comme à Arras, les administrateurs du district,
qui étoient dévoués à Duquesnoy, ont décerné
une foule de mandats d'arrêt contre des citoyens
auxquels les comités de surveillance n'avoient
rien à reprocher. Soit ; mais qu'en résulte-t-il
contre moi? ces administrateurs étoient presque
tous nommés par le peuple, et paroissoient alors
jouir de toute sa confiance : comment Guffroy
prouvera-t-il qu'ils n'agissoient pas d'eux-mê-
mes, mais qu'ils n'étoient que mes agens, mes
dévoués dans ces arrestations que j'ignorois ?

Je n'ai lu aucunes des dénonciations reçues
par la commission de Béthune : mais je me
suis assuré par le procès-verbal , qu'il n'y en
avoit qu'une seule qui me regardât. Elle est
faite par une personne, que j'ai cru devoir faire
incarcérer ; et c'est sans doute, parce qu'elle a
été jugée suspecte, pour cette raison, que les
commissaires n'en ont fait aucune mention dans
leur résumé, tant vanté par Guffroy : car ils
étoient chargés par Berlier d'apprécier les dénonciations qu'on leur faisoit.

Je ne me trouve nommé que dans un seul endroit du résumé, page 10; et c'est précisément pour me disculper d'une imputation injuste qu'on me faisoit, par une pure ignorance des faits. Le bruit public m'accusoit d'avoir envoyé, de mon propre mouvement, à Paris cinquante-cinq détenus, pour y être jugés.

Guffroy envoya une copie de ce résumé à Béthune, pour y être imprimé, regrettant de ne pouvoir le faire lui - même ; mais, toujours dominé par l'esprit de calomnie, il y ajoute en tête : *Cris des habitans de Béthune et des environs , opprimés par Joseph Lebon , Duquesnoy , représentans du peuple , et par les administrateurs , jurés et juges , dévoués à ces complices de Robespierre , etc.*

Ainsi , Guffroy pouvoit bien annoncer, page 469 de son libelle, qu'il apprenoit de Béthune que ce résumé paroîtroit avant son livre; mais comment pouvoit-il dire immédiatement auparavant, que ce *même résumé étoit entre les mains du comité de sûreté générale , envoyé par la commune , la société populaire et le tribunal révolutionnaire de Béthune qui n'existe pas?* Il vouloit apparemment justifier ce faux titre ; car , ce résumé n'a jamais été connu de la commune de Béthune, que par l'envoi que Guffroy en a fait : il a été remis par la commission au représentant Berlier, sans avoir été communiqué à personne : il n'a pu , par conséquent, être envoyé au comité, ni par la commune, ni par la société de Béthune.

Il conste au contraire, par le résumé, que l'administration du district de Béthune, par son arrêté du 6 thermidor, m'avoit envoyé une liste contenant les noms de cinquante-sept détenus, en m'invitant de donner les ordres nécessaires pour les faire traduire au tribunal révolutionnaire de Paris, comme *prévenus de propos, délits ou actions contre-révolutionnaires.*

Il est vrai que les quatre administrateurs, destitués depuis par Berlier, s'étoient respectivement expliqués sur ceux des détenus qui étoient de leur canton, et qu'ils pouvoient connoître : mais je dois ajouter ici ce que le résumé ne dit pas, parce que les commissaires ne l'ont pas su ; c'est que les autres administrateurs étoient aussi présens, et ont également influés sur la liste : car, qui m'auroit fait connoître les détenus des autres cantons? Je me rappelle, en effet, que deux personnes de Lilers ont été indiquées par Dellerme, agent national, et que sept autres d'Houdain l'ont été par Caille, vice-président, qui seul pouvoit connoître cette commune, qu'il avoit habitée.

Mais, dit Guffroy, les administrateurs du district de Béthune étoient mes dévoués ; et il se jouoient, à mon exemple, de la fortune et de la vie des citoyens.

C'est, je pense, ce qu'il faudroit démontrer. Je le répète, ces administrateurs avoient été nommés par le peuple, et jouissoient alors de sa confiance : quelques-uns, à la vérité, ont été destitués par Berlier ; mais la plupart ont été continués, et sur-tout Dellerme, agent national, et Caille, qui est actuellement président du district. Or, quand de pareils citoyens me soutiennent en face, et répètent dans un arrêté, qu'il est urgent d'envoyer telles personnes au tribunal de Paris, et m'invitent à donner les ordres nécessaires pour cela, devois-je et pouvois-je m'y refuser?

A entendre Gulfroy, ce n'étoit que par mes ordres et d'après mes impulsions que les administrations dénonçoient ou accueilloient toutes les dénonciations, et traduisoient les prévenus aux tribunaux. Mais j'ai pourtant montré avec quelle vigueur je rejetois les dénonciations, quand je pouvois découvrir qu'elles étoient dictées par la passion.

L'ex-constituant Behin, bassement et injustement dénoncé par des administrateurs, et poursuivi avec acharnement par une société populaire entière, n'a dû son salut qu'à la défense que j'ai entreprise de son patriotisme. Ce citoyen avoit cependant, dans le systême de Robespierre et de Lebon, tous les titres qu'il falloit pour être *guillotiné* : si j'avois été le complice de ces derniers, je n'avois qu'à me taire et laisser faire Lebon à qui la dénonciation étoit envoyée. (1)

Si j'avois été le complice de Robespierre et de Lebon, aurai-je attendu jusqu'au quinze thermidor, après l'époque de leur chûte, à porter l'arrêté qu'on me demandoit, pour traduire les 57 détenus à Paris ?

____

(1) Behin n'est pas le seul que j'ai sauvé de la guillotine de Lebon.

Certes, rien n'eût été plus mal-adroit. Tout prouve donc que je ne me conduisois en cela que par zèle pour la sûreté de la république, en prenant une mesure sévère, que je devois supposer nécessaire ; j'avois du moins la consolation d'envoyer les prévenus à un tribunal que je devois croire juste et impartial, puisqu'il venoit d'être renouvelé par la Convention.

Que celui qui s'affiche pour être le défenseur officieux de tous ceux qui se disent opprimés, soutienne que la plupart des détenus, envoyés à Paris, aient été innocent, et que les plus coupables ne méritoient pas la mort, je n'ai nul intérêt de le contredire. Je dirai seulement que j'en connoissois plusieurs qui s'étoient toujours montrés ennemis déclarés de la révolution, et que la plupart m'étoient parfaitement méconnus ; mais leur envoi étoit motivé et provoqué ; il étoit au moins matériellement fondé. Je joignois à mon arrêté les pièces d'après lesquelles ils devoient être jugés : Guffroy n'ose le dénier ; il se retranche à dire qu'il ne s'en trouve plus au comité de sûreté générale. S'il en étoit besoin, il ne me séroit peut-être pas impossible de produire d'autres copies.

Guffroy cependant revient à la charge ; il cite ma lettre au comité de salut public, où je lui mande que j'envoie au tribunal révolutionnaire 57 individus, formant à-peu-près le tiers de ceux du district qui doivent y être traduits.

Je réponds à cela d'abord, que je n'écrivis que ce que les administrateurs du district m'avoient dit en propres termes, et ce qui résulte évidemment de leur arrêté du 6 thermidor, où ils assurent « qu'une partie des détenus en cette commune, venoient d'être provisoirement mis en liberté, par le comité de surveillance du chef-lieu du district, d'après la loi du 21 messidor; que ceux que les maisons de détentions renferment encore, sont pour la plupart prévenus de propos, délits ou actions contre-révolutionnaires, et qu'il est instant de les faire traduire à Paris. »

Je réponds en second lieu, que ce n'est point à Guffroy a se scandaliser de ces expressions, lui qui, dans son Rougyff, veut qu'on extermine sans pitié tous les ennemis de la patrie : « y en eût il cinq millions, le bonheur, ajoute-il, de la majorité, doit l'emporter. La république française auroit encore assez de vingt millions d'habitans. » (N°. 7.)

Depuis l'exécution de la loi du 21 messidor, on pouvoit croire que la plupart de ceux qui étoient encore dans les maisons d'arrêt, étoient tous coupables, si on en excepte les pauvres habitans des campagnes, égarés par les gros aristocrates, de qui ils dépendoient. Ce n'est que sur ces derniers que pouvoit tomber l'indulgence de la loi du 21 messidor, quoi que puisse dire le défenseur officieux des gros cultivateurs; quand le texte de la loi pourroit en faire douter, le rapport qui y est joint, ne laisse aucun doute : cependant, dans plusieurs districts, les comités de surveillance avoient mis en liberté « grand nombre de cultivateurs qui, depuis le commencement de la révolution, n'avoient fait qu'égarer et aristocratiser le bon peuple des campagnes. »

C'est sur ces considérations que j'ai cru devoir prendre, le 19 thermidor, un arrêté portant : « que ceux qui avoient été mis mal-à-propos en liberté, seront sur-le-champ réincarcérés, et jugés par les tribunaux qui devront en connoître. »

En envoyant cet arrêté au comité de salut public, je lui exposai que parmi ces hommes il s'en trouvoit qui sont prévenus d'avoir coupé l'arbre de la liberté (à Pomiers) ; d'autres condamnés par jugement du tribunal criminel à la détention jusqu'à la paix. Parmi ces derniers, se trouvoit le nommé Louis de Noyelle, dépeint par Guffroy (n°. 4.), comme le plus fieffé des aristocrates, comme un homme suspect, factieux, qui soutenoit les calotins et tracassoit les patriotes. Sa municipalité l'avoit fait incarcérer, et l'accusateur public, ayant ordonné de le mettre en liberté, Rougyff s'étoit élevé avec force contre lui ; il l'avoit menacé de destitution. Depuis, au grand contentement de Rougyff, ce même Louis avoit été condamné à la détention jusqu'à la paix. J'aurois donc cru que mon arrêté auroit été approuvé par Guffroy, où du moins eût été à l'abri de sa censure ; car enfin, il ne frappe que ceux mis mal-à-propos en liberté ; mais c'est précisément ce qui lui a le plus excité la bile : j'avois précisément touché à ceux dont il venoit de se faire le défenseur officieux.

Francais, s'écrie-t-il, quelle dictature !

quelle férocité ! quelle étrange abus de pouvoir ! Supposant ensuite que la loi du 21 messidor ordonnoit la mise en liberté de tous les cultivateurs quelconques, à l'exception des coupables de *haute trahison*, il m'accuse devant toute la France, d'avoir imposé silence à un décret, de l'avoir changé, d'avoir par là usurpé le pouvoir souverain. En conséquence, il me met, de son autorité privée, hors la loi ; fait tomber à plond sur ma tête, l'anathême légal de la déclaration des droits de l'homme. *Que tout individu qui usurperoit la souveraineté, soit à l'instant mis à mort par les hommes libres.* Enfin, il ordonne à toute la France de me courir sus. *Citoyens, dit-il, représentans du peuple, faites votre devoir : peuple, exerce tes droits.*

Voilà qui est bien terrible. Il est inutile de demander à Guffroy s'il parle en qualité de défenseur officieux, ou en celle de citoyen et de représentant ; il s'est expliqué en cette dernière qualité dans son Rougyff, et il a dit : « Beaucoup de traîtres en domino, pantalons républicains et en bonnet rouge, sont signalés ; et malgré leur carte d'entrée, il ne sortiront du bal masqué, que pour aller à la guillotine, ou tout au moins, à l'abbaye des sots bougres, jusqu'à la paix. Oui, oui, jusqu'à la paix, sans miséricorde ; il ne faut pas s'appitoyer sur le sort des détenus en général ; peu d'entr'eux méritent l'indulgence.... Ah ! qu'il sont encore bien loin d'être tous incarcérés, quand on remarque dans toutes les grandes villes et dans les campagnes, une foule de conspirateurs libres ! » (N°. 56.)

« Tu n'as que trop raison , brave Rougyff, de jurer et maugréer contre ces infames mâtins de Limiers de Pitt et Cobourg, qui veulent, par les grands principes, nous ramener dans l'inertie : c'est un gouvernement révolutionnaire qui doit écraser tous nos ennemis, quelque part qu'ils se trouvent, et faire triompher nos armées sur tous les points; c'est à lui qu'ils ont juré guerre à mort. Ici aussi, de soit disant patriotes ou des patriotes égarés crioient à l'humanité qu'il falloit être avare de sang ; qu'il falloit ouvrir la cage à tous ces infames oiseaux de proie, que nous tenons enfermés. Le comité de surveillance s'étoit laissé prendre à cette glue ; il avoit lâché une quarantaine de ces animaux venimeux ; mais quelques bougres à poil ont tonné et fulminé dans la société populaire, contre cette manœuvre contre-révolutionnaire , et tous les tygres et tygresses ont été remuselés dans la même nuit.

» Voilà comme on est révolutionnaire ; voilà comme il faut avoir de la clémence et de l'humanité.

» Avant de prononcer sur les détentions, il faut donner le temps au comité de sûreté générale de saisir le fil des intrigues et de discerner les clameurs des intrigans, qui tous crient : je suis patriote ; j'ai fait des sacrifices ; qui rapportent même des preuves de civisme aussi formelles , que s'ils étoient des patriotes révolutionnaires. » (N°. 62.)

Que le défenseur officieux m'accuse donc d'avoir été avec Lebon , l'exécuteur de la loi agraire , d'avoir persécuté les cultivateurs aisés , capables de faire des avances à la terre, et, par suite du même système, d'avoir fait égorger les gens riches , et par conséquent, les négocians, les marchands, etc. (ce dont pourtant il n'existe aucune preuve). Le citoyen Guffroy , le député Guffroy , me rassureroit si j'avais eu ce malheur : car le citoyen Guffroy, qui n'avoit rien à perdre , à proposé autrefois la loi agraire dans son tocsin. Il la prêche encore dans le no. 3 de Rougyff.

« Plus d'inquiétude , la récolte approche.... Point d'égoïsme sur-tout : contentez-vous de casser la pipe à tous ceux qui n'en veuillent que pour eux. Partage , morbleu, partage , fraternité.... Dans une république, il ne doit pas y avoir de marchands de grains; il ne doit y avoir que des voituriers : car, je vous crierai toujours à tue tête , du haut de ma vedette : tout le grain qui croît sur le territoire français , appartient également à tous les Français , après avoir prélevé les frais de culture et d'ensemencement. »

On voit que Rougyff ne faisoit pas grand cas des gros cultivateurs, qu'il assure dans son no. 5 , être presque tous aristocrates; il ne ménageoit pas plus les riches et les marchands.

Il prétend, au no. 11 , *que les nobles et les riches font les sans-culottes pour nous trahir et pour nous perdre.* Et au no. 23,

surveille, dit-il, brave garnison de Dunkerque, les négocians, les agens des Anglais,
dont Dunkerque et tous les ports de mer
fourmillent : par-tout les robins et les riches
qui ont chassé la noblesse et le clergé, veul-
lent se mettre à leur place. Va, camarade,,
le règne de l'égalité légale est encore bien
loin d'être affermi. Trop de riches, trop de
nobles et trop de prêtres, trop d'adhérans de
cette vermine politique, s'attachent au corps
social , pour croire qu'elle sera écrasée
bientôt...... Je chante victoire quand Duquesnoy et Heurt vous font foutre le camp;
à deux cents conspirateurs qui empoisonnoient
Dunkerque. » C'étoit des Anglais.

Au nº. 35. « Au diable, au foutre, aux
enfers les sacrés mâtins de commerçans, ce
sont les ennemis intérieurs qu'il faut écraser. »
Quoi qu'en ait dit Rougyff, je n'ai pourtant
fait arrêter, (dans le département du Pas-de-
Calais, qui renferme près de six cents mille
ames, que douze à quinze gros cultivateurs
et marchands, si on en excepte les Anglais)
et j'en ai fait mettre plus de trois cents en
liberté. En général, toute les fois qu'une autorité constituée me rendoit un témoignage
favorable sur quelque détenu, il étoit mis
aussitôt en liberté.

Il n'est pas étonnant que Guffroy, devenu
le champion des gros cultivateurs, des riches
et des marchands, et d'ailleurs riche et marchand lui-même aujourd'hui, tienne un autre
langage que le révolutionnaire Rougyff. Ce-
lui-ci, souvent trop sévère, ne vouloit pas

qu'on

qu'on écoutât aucune sollicitation. « Au foutard,
dit-il, (n°. 33.) les solliciteurs ; le comité
de sûreté générale vient d'arrêter que ses
membres ne recevroient aucune sollicitation,
et sur-tout, aucune solliciteuse chez eux. »
(Guffroy, quoique membre alors du comité
de sûreté générale, ne se conforma pas toujours à cet arrêté : car, un soir, que moi et
deux citoyens· l'accompagnèrent au comité,
une jeune solliciteuse se trouvoit au bas d'un
petit escalier, et lui remit un paquet qu'il refusa
d'abord ; mais sur ce que la solliciteuse lui
dit qu'il n'étoit pas si sévère il y a deux jours;
il rougit, le prit et le mit dans sa poche.)
Aussi le défenseur officieux et complaisant ne
peut souffrir qu'on expédie les solliciteurs et
solliciteuses, encore moins qu'on les brusque,
quand on ne peut se défaire autrement de
leurs sollicitations, dût-on en mourir d'ennui,
ou succomber aux charmes des solliciteuses.
C'est exiger trop.

Quoi ! une femme ne cessera de m'assaillir
pour obtenir la liberté d'un mari royaliste,
qui a fait émigrer ses neveux, et leur a fourni
cheval et domestique, et je ne pourrai m'en
débarrasser ! Une autre, sous prétexte de me
consulter, viendra me présenter le plus aristocrate des gros fermiers, pour marier son
frère avec une de mes nièces, et il ne me sera
pas permis de faire éclater mon indignation et
de les mettre à la porte !

Voici quelque chose de plus grave : on
m'accuse d'avoir fait faire, par les administrateurs du district de Béthune, un procès

injuste à un détenu, qui le gagna ; d'avoir appelé les juges dans un cabaret, pour les menacer et les injurier, et enfin de les avoir destitués.

Il faut rétablir les faits, car Guffroy n'est pas plus instruit ici qu'ailleurs. Un gros cultivateur, qui n'étoit pas détenu, gagna un procès contre l'agent des forêts, qui l'accusoit d'avoir causé des dommages considérables dans des bois nationaux. Comme la municipalité du lieu m'avoit remis les procès-verbaux qui constatoient le délit, j'ai cru devoir m'informer, étant à Béthune, comment ce procès avoit été jugé. Au lieu d'aller trouver les juges chez eux, comme l'officieux Guffroy l'auroit souhaité, je les appelai dans l'auberge où j'étois descendu : j'appris d'eux que le commissaire national du tribunal n'avoit pas employé dans la cause, les moyens que l'agent des forêts lui avoit mis en main. Plusieurs mois après, m'étant informé de la conduite des membres de ce tribunal, tous les administrateurs du district m'attestèrent que le président étoit suspect par ses liaisons avec les ci-devant nobles ; que le commissaire national étoit sans connoissance et sans capacité, et que le greffier passoit généralement pour aristocrate. Je les destituai donc, mais sans les mettre en arrestation.

La renommée divulgue et prouvera, dit encore Guffroy, que je n'ai pas puni un de mes terroristes, qui a abusé de la situation d'une prisonnière, pour lui faire faire, et pour prononcer en sa faveur un divorce illégal, à la faveur duquel il s'est emparé de tous les biens-du mari détenu. Il est vrai qu'un fait semblable se trouve consigné dans le résumé de la commission de Béthune : mais, comme je n'ai jamais vu, ni connu, ni entendu parler des acteurs, je ne conçois.pas comment cela pourroit me regarder. Guffroy voudroit-il donc me rendre garant de tout ce qui s'est passé dans les départemens que j'ai parcourus ? c'est en effet son dessein, et ce n'est que faute de moyens, s'il ne l'exécute pas.

Je vais te suivre à Saint-Omer, dit-il, en grandes lettres. Mais aussitôt, se rappelant qu'il avoit loué ma conduite dans ce district, il s'arrête, ne cite aucuns faits; il se borne à rétracter les louanges qu'il m'avoit données dans son journal, comme surprises par l'assurance que je lui avois donnée d'avoir respecté la vieillesse, la foiblesse et la vertu.

Il est vrai que, dans ce district, aussi bien qu'à Dunkerque, à Lille et à Douay, loin d'avoir incarcéré aucune personne riche, j'en avois mis beaucoup en liberté.

Il est vrai qu'à Douay, sans ma vigueur et mon énergie, plusieurs centaines de citoyens auroient été les victimes de Dufrère et de l'état-major de son armée révolutionnaire ; mais ce n'étoit pas de pareilles actions qui attiroient alors l'approbation de Rougyff ; s'il s'en souvient aujourd'hui, il n'en fut pas frappé alors, comme on va voir.

No. 77. « Bravo, Duquesnoy, bravo, foutre, tu me marques, et tu dis à la Convention que dans le canton, où tu résides en ce moment, les patriotes de nouvelle étoffe sont écartés , et que les vétérans de la révolution reprennent leurs postes, dont l'intrigue s'étoit rendue maîtresse.

» Je te crois, mon brave ami , je te crois, vieux Jacobin, puisque tu le dis, cela fait l'éloge des Français qui t'environnent. Courage, camarade Duquesnoy, courage ; francs et purs montagnards , serrons-nous, démasquons les coupables, les conspirateurs. »

Guffroy me reproche pourtant vaguement d'avoir fait plus d'une sottise à Saint-Omer, et d'y avoir recruté pour la guillotine de Lebon : que diroit-il donc, si, comme lui, ayant intercepté une lettre du citoyen Lefebvre, de Saint-Omer, administrateur du département du Pas-de-Calais, je l'avois envoyée à un administrateur d'Arras, qui la remit à Lebon, qui fit guillotiner Lefebvre ?

Cette lettre étoit, je crois, adressée à notre collègue Personne, contre lequel Guffroy, dans son Rougyff, montre la passion la plus aveugle.

Nº. 9. « Je dénonce à la France entière le canton du département du Pas-de-Calais, qui a vomi à Paris le dégoûtant personnage qui eut l'impudence, hier 6 août, de s'arroger le droit de parler à la Convention nationale, au nom de tous les commissaires, porteurs du vœu des assemblées primaires. Cet être impudent et vil avoit été dire, la veille, au tribunal, qu'il portoit Custines dans son bordel de cœur, qu'il étoit avocat, qu'il le défendroit, qu'il connoissoit la chicane. Malheureux ! viens embrasser Personne, il vouloit conserver ce poison, allez, vous êtes tous deux à la voirie patriotique ;

allez , stupides Français , allez - y pourrir avec toutes les charognes aristocratico - royalo - Bu-zoto-Pétionides. »

Après avoir détruit toutes les preuves matérielles et morales , que Guffroy m'oppose à l'appui de ses calomnies , je m'arrête , parce que je ne veux pas le suivre dans tous ses écarts et ses imaginations. Ici, c'est un brave-citoyen d'Arras , qui apprend que certains gros personnage , certain gros bouffi , et par conséquent , Duquesnoy , a écrit à Lebon une lettre de complicité. *Là , c'est un Français , vraiment franc homme , qui marque , et qui , d'après son récit, prouvera sûrement* que le patriote Hoyer, horloger à Arras , condamné à mort par le tribunal de Lebon , dit à l'exécuteur , lorsqu'il le lioit sur la planche , que Duquesnoy , qui le faisoit mourir aujourd'hui , étoit celui qu'il avoit sauvé de la corde , il y a quelques années. Si, d'après de pareils témoignages , on ne juge pas encore que ce malheureux ait été *victime évidente* de ma vengeance , un autre anonyme prouvera , au besoin , que cet Hoyer étoit mon cousin-germain.

Cet Hoyer étoit un royaliste forcené , dénoncé par Léfèbvre Gottrand , cultivateur à Cagnicourt , district de Bapeaume , pour avoir dit que tous les députés qui avoient voté la mort de son bon roi , étoient une bande de célérats , qui méritoient d'être pendus, etc. Il lâchoit de pareils propos à d'autres ; il eut l'audace de m'appeler un jour , de la rue dans sa boutique , pour m'en tenir un à-peu-près semblable. Lorsqu'il fut en justice , je fis passer à l'accusateur public, ma déposition : du reste, je n'ai jamais vu Hoyer depuis la révolution que comme mon horloger et celui de presque toute ma famille, avant la révolution.

Que rép ndrai-je enfin aux preuves irrésistibles, *puisées dans les révélations de ce sylphe patriote qui s'est attaché à mes pas*, dans mon dernier congé à Boieffle, et par lequel Guffroy savoit, le même jour, ou le lendemain, ce que j'avois dit ou fait ? cette impertinence est consignée à la page 246 de son libelle..... Et c'est d'après de pareils renseignemens qu'il me défie de prouver qu'il soit mal instruit ou de mauvaise foi !!!!

Je suivrai encore moins Guffroy dans les personnalités dégoûtantes qu'il se permet contre moi et contre ma famille; (Il ne nous reprochera pas de faux, je le défie d'en dire autant.) d'autant plus qu'elles n'ont aucun rapport à son sujet. Je me contenterai de quelques observations succintes.

« Tu sais bien, dit-il, que la renommée accuse ton père d'assassinat : sa brutalité, son ivrognerie, son inconduite et son défaut d'exactitude à payer les propriétaires qui lui avoient donné leurs terres à ferme, le firent expulser de son marché. »

Tous ces faits sont démentis par la notoriété publique. Mon père étoit un militaire qui s'étoit retiré de la gendarmerie, après la mort de son père, pour continuer sa culture : il a toujours joui de l'estime de ses voisins, et sur-tout de la ci-devant abbaye d'Annai, dans la ferme de laquelle il est mort, et non dans celle qu'il avoit en propre, et dans laquelle je suis aujourd'hui.

Ses enfans, au nombre de neuf, demeurèrent encore plusieurs années dans cette ferme, et la quittèrent volontairement , parce qu'on voulut les enchérir de plus du double.

L'acharnement de Guffroy contre mon frère est étonnant, il me suffira d'observer que Guffroy ne fait que copier et exagérer les calomnies surannées dont mon frère s'est justifié au comité de salut public ; que l'esprit calomniateur de Guffroy se montre dans tout son jour, en imputant à mon frère d'avoir brisé les scellés de la cave d'un détenu , tandis que la pièce qu'il cite en preuve attribue ce fait à un administrateur de Béthune ; et cette pièce existe au comité de sûreté générale.

Voici maintenant ce qui me regarde ; on jugera si c'est en qualité de défenseur officieux , ou de citoyen que Guffroy parle.

« Tu fus , dit-il, trois fois moine, soldat, puis rien , puis député , par la grace des pots et des verres. Au lieu d'imiter tes parens , et travailler comme eux , tu les jalousas, tu cherchas à leur emprunter de l'argent ; quelques-uns le firent , et tu devins leur ennemi, quand il fallut rendre : d'autres, te connoissant, ne voulurent pas te prêter ; tu juras leur perte, et tu y travaillas avec ton ami Lebon, quand tu fus investi de pouvoirs. »

Enfin, j'aurois été traduit moi-même au tribunal révolutionnaire, comme fanatique, si je n'avois été député, ou si le fait avoit été plus connu. Le voici, selon Guffroy : « dans le temps, qu'au lieu d'être à l'armée, Duquesnoy étoit à son village, il lui survint un accès de goutte remontée; il eut peur : il étoit au désespoir de n'avoir pas de calotin pour lui graisser les bottes. Par hazard, un ci-devant curé philosophe, et qui, l'un des premiers, se déprêtrisa, un de ces êtres pour qui la morale étoit tout; oubliant les inimitiés de famille, alla voir Duquesnoy dans son lit. A sa vue, Duquesnoy dit : citoyen, c'est Dieu qui vous envoie ici pour me confesser; permettez-moi de satisfaire au devoir du chrétien. L'homme sage qui étoit témoin de cette foiblesse, lui dit : je ne vous confesserai pas, cela n'est pas de saison, d'ailleurs vous n'êtes pas en danger : nous verrons cela un autre jour. Cet homme prudent ne retourna plus chez Duquesnoy, qui le fit mettre depuis en arrestation, et l'envoya au tribunal révolutionnaire. »

Il y a dans cela autant de mensonges que de mots; je dis mensonges notoires, et qui sautent aux yeux de tous ceux qui me connoissent : en attendant que Guffroy prouve qu'il est bien instruit, je lui demanderai s'il suffit pour avoir été trois fois moine, d'avoir passé trois mois dans une maison de bénédictins; si on peut me faire un reproche d'avoir, dans ma jeunesse, pris le parti des armes, à l'exemple de tous mes ancêtres; si pour n'être pas rien, ou pour être quelque chose, il faut avoir été, comme lui, un avocat mercenaire; et s'il ne suffit pas d'être cultivateur, marchand, et père d'une famille nombreuse. Certes, sans être beaucoup plus riche que Guffroy (d'Arras), je n'ai jamais rien dû à personne; je n'ai jamais eu recours, comme lui, à des moyens honteux pour me procurer de l'argent ; et sans être aussi riché que la majorité de mes parens, ce que j'avois m'a toujours suffi. Ce sont eux, je l'avoue, car ils n'étoient et ne sont pas encore mes ennemis, qui m'ont fait nommer à l'assemblée législative. Ce sont eux aussi, qui, sur mon invitation, ont fait nommer Guffroy à la Convention, d'après la demande qu'il m'en avoit faite. On s'est trompé, sans doute, sur ma capacité ; mais du moins je n'ai fait aucun effort pour obtenir cet honneur. J'étois à Paris lors des élections pour la Convention ; je n'ai donc pu intriguer, ni par la grace des pots et des verres, me faire nommer à la Convention, où je fus nommé à la presqu'unanimité.

Je me garderois bien de relever ici l'histoire ridicule du prétendu fanatisme que j'aurois montré dans un accès de goutte remontée, pendant ma mission à l'armée, si ce récit mensonger n'étoit pas terminé par une atrocité. Je laisserois Guffroy prodiguer ses éloges au plus fanatique, au plus immoral, au plus aristocrate, (au vu et su de toute la commune de Bouvigny, de tous les curés de mon canton) s'il ne paroissoit pas vouloir le prendre en garantie de son récit. Je dirai donc, que je n'ai eu que des accès de goutte ordinaire, pendant ma mission ; et que c'est pendant l'assemblée constituante, qu'il me survint l'accès de goutte remontée, dont il veut parler ; que ce fut alors que mon curé (avec la famille duquel je n'avois rien eu à démêler) me rendit des visites assidues, pour m'engager à accepter ses services. Il est vrai seulement qu'il ne réussit pas ; mais ce ne fut pas sa faute : car, loin d'être un philosophe, il étoit tellement aveuglé par les préjugés de son état, qu'il ne fit son serment qu'avec bien des restrictions, et vouloit que la municipalité empêchât les protestans de notre commune de célébrer leur culte. Loin de se déprêtriser un des premiers, il continua ses fonctions, l'un des derniers, et jusqu'à ce qu'il fût arrêté. J'ignore par qui, mais ce ne fut pas par mes ordres ; et si je l'ai envoyé depuis au tribunal de Paris, c'est qu'il étoit sur la liste de l'administration du district, avec des charges graves.

J'ai prouvé 1°. que Guffroy, dans son Rougiff, n'a jamais cessé de recommander, de provoquer, et d'approuver les mesures extrêmes, pour la sûreté de la république, et qu'il a outre-passé tous les prétendus excès qu'il me reproche aujourd'hui :

2°. Que, quelque ait été ma conduite pendant mes différentes missions, elle fut toujours louée et aprouvée par Guffroy, qui s'est réclamé mon ami jusqu'à la fin :

3°. Que pendant mes missions, je n'ai fait qu'employer les mesures de salut public, établies par la Convention ; et que, loin d'avoir été l'exécuteur des vues secrètes des comités de gouvernement, je les ai souvent contrariés, tandis que Guffroy n'étoit occupé qu'à flagorner ces comités, ainsi que les membres qui les composoient :

4°. Que je n'ai jamais été le complice de

Robespierre et de Lebon , n'ayant jamais eu , avec ce dernier, que des relations passagères et nécessaires , et ce , pendant que Guffroy étoit encore son ami particulier : (1)

5°. Que Guffroy n'a commencé à m'attaquer qu'après s'être rendu le défenseur officieux de tous ceux qu'il regardoit comme ennemi de la patrie, et qu'il n'a publié son énorme libelle que par esprit de vengeance , de spéculation et d'intérêt :

6°. Que Guffroy cite vaguement, contre moi, quantité de pièces qui n'existent pas, et qui n'ont jamais existé , ou des pièces qui ne disent rien de ce qu'il prétend prouver:

7°. Que Guffroy montre la mauvaise - foi la plus insigne , soit en m'opposant des pièces qu'il a fait faire lui - même , et dont il reconnoît l'inexactitude ; soit en faisant publier, sous un titre faux et calomnieux , un recueil de pièces qui ne me concernent pas:

8°. Que Guffroy montre la passion la plus violente et la plus aveugle , en se permettant , soit contre moi , soit contre toute ma famille , des personnalités révoltantes , et d'ailleurs étrangères à son sujet:

9°. Que ces personnalités sont notoirement fausses et calomnieuses:

-----

(1) Quoique la Convention ait décrété que les aristocrates étoient hors la loi, je n'ai pas nommé de commission pour faire exécuter cette loi abominable. Je n'ai pas non plus fait exécuter la loi du 22 prairial.

10°. Que Guffroy, après avoir compilé et et plusieurs fois répété, sans choix et sans goût, tous les bruits qu'il a pu recueillir contre moi, s'est jugé lui-même, quand il a dit : « J'invoque ici l'impartialité la plus sévère, et je la défie, ainsi que toi, de me faire voir que je suis mal instruit ou de mauvaise-foi. Je somme la nation entière de me punir, si tu prouves que que je t'ai calomnié sur un seul fait ; car, déjà deux départemens en masse ont signé ton brevet d'imposture et de scélératesse. »

N. B. En répondant à Guffroy, j'ai répondu en même temps au citoyen Delelisse, cultivateur du district de Béthune, dans les dénonciations duquel Guffroy a puisé une grande partie de ses calomnies. Delelisse, au reste, n'est connu dans son district, que par ses extravagances, son immoralité, et sa barbarie envers sa vertueuse épouse et sa famille : le récit seul feroit frémir d'horreur ! Comme la plupart des faits qu'il m'impute, me sont totalement inconnus, et ne sont d'ailleurs, ni circonstanciés, ni appuyés, ils ne méritent, de ma part, qu'une simple dénégation et le plus profond mépris ; car, que pourrois-je répondre à tout ce qu'il m'impute sur l'envoi de Dourlens au tribunal de Lebon ; sur la destitution, arrestation et condamnation de Petit de Mouchy, sur différentes arrestations de sa sœur ; sur la condamnation de l'abbesse d'Annai, du ci-devant comte de Béthune, de Daboville, etc. etc., sinon que ces faits me sont absolument étrangers ; que Dourlens a été envoyé au tribunal d'Arras, par le tribunal militaire de l'armée de Sambre et Meuse, et non par moi ; que je n'en ai eu connoissance que par la lettre que m'a écrite le président dudit tribunal ; que ce n'est que long-temps après (l'adjudant-général et contre-révolutionnaire Daboville excepté) que j'ai appris les condamnations dont il parle ? etc. etc.

Paris, le 7 Floréal, troisième année républicaine.

DUQESNOY,
Député à la Convention nationale.

De l'Imprimerie Républicaine, rue neuve des Mathurins, section des Piques, n°. 856.